|알|기|쉬|운|

꿈 해몽

천운 이우영 엮음

머리말

사람은 누구나 낮에는 자기에게 주어진 일을 하고 밤이면 반드시 잠자리에 드는데 이때 잠을 잠으로써 각기 다른 꿈을 꾸게 된다. 이러한 현상은 인간이 생을 마감할 때까지 계속 되풀이 되는 현상이다.

그런데 사람들이 저마다 꾸는 꿈에는 좋은 꿈도 있을 것이고, 그 반면에 흉측한 꿈도 있을 것이다.

좋은 꿈을 꾸고 나면 다음 날 신변에 좋은 일이 있을 것이라는 막연하나마 다소 희망을 가지고 일상 생활을 접하게 되나, 그와 반대로 흉몽을 꾸면 왠지 불길한 예감이 들어 행동에 신중을 기하는 것이 우리들 인간들이 가지고 있는 공통점이라 할 수 있다.

사람들은 흔히 꿈에 대해 불가능하다고 말하거나 몽상에

불과하다고 일축해 버리는 경우가 종종 있는데 꿈은 실현 불가능할 수도 있고, 그렇다고 부정만을 할 수 없는 오묘한 어떤 예지적인 성격을 지니고 있어 어떤 때는 지난 밤에 꾼 꿈대로 실현되는 일도 있어 우리들을 당황스럽게 만들기도 한다.

우리들은 매일같이 수많은 일들과 부딪히면서 자신들이 바라는 어떤 강렬한 희망이 그날 밤 잠을 자면서 잠재의식이 꿈을 통해 실현되는 것을 종종 경험한다. 비록 꿈 속에서나마 그 날 이루지 못했던 일들을 완성하고 다르게 변한 자신의 모습을 발견할 때는 행복한 순간을 맛볼 수 있다.

차례

하늘·해·달·별에 관한 꿈 • 9

인간의 행동 및 사물에 관한 꿈 • 87

신체에 관한 꿈 • 161

동물에 관한 꿈 • 181

식물에 관한 꿈 • 203

하늘·해·달·별에 관한 꿈

- **하늘의 대문에 자신의 이름이 쓰여진 글이 나붙은 꿈**
  장차 입신, 영달하고, 반드시 출세나 성공을 이루게 된다.

- **하늘의 문이 열리고 그 안에 있는 여러 가지 시설물들을 들여다 보는 꿈**
  높은 지위나 명예·권리 등 부귀가 찾아온다.

- **하늘의 문을 열고 안으로 들어가는 꿈**
  장차 신변에 부와 귀가 나타날 징조이다.

- **하늘의 문이 붉은빛으로 물드는 꿈**
  전쟁이나 정권의 혼란이 찾아오게 된다.

- **보석, 주옥, 황금 그리고 진귀한 기물이 빛을 발산하는 꿈**
  장차 귀한 자손이 태어날 태몽이다.

- **하늘이 동시에 여러 개로 겹쳐진 것을 보는 꿈**
  타인의 도움이나 비호를 받아 성공한다.

- **하늘 위에 큰 기둥을 세우는 꿈**
  평소 자신이 계획하는 일들이 성공을 거두지 못하게 된다.

- **하늘을 자신의 팔이나 몸으로 떠받쳐 지탱하는 꿈**

보통사람이 상상하지 못할 입신 양명과 부귀가 찾아온다.

● **하늘이 점점 낮아지면서 자신의 몸 가까이 다가오는 꿈**
권세를 가진 사람이나 힘있는 사람의 은혜를 입게 된다.

● **하늘을 자신의 등이나 어깨에 짊어지는 꿈**
장차 무거운 책임을 짊어지거나 하는 일마다 실패가 따른다.

● **하늘이 컴컴하게 변하는 꿈**
억울한 사정에 놓이거나 장애나 실패가 발생한다.

● **하늘이 맑지 않고 흐리며 빛이 없는 꿈**
사업이 쇠퇴하고 매사 고독하여 어려운 처지에 놓이게 된다.

● **하늘이 무너지거나 균열이 생기는 꿈**
큰 손실과 위험이 따르는 낭패를 겪거나 슬픈 일을 치르게 된다.

● **자신이 하늘을 보수하는 꿈**
전문 분야 종사자는 윗사람을 도와 큰 업적을 이루고 반드시 부귀를 획득한다.

- **하늘을 쳐다보고 땅 위에 드러누워 있는 꿈**
 귀인의 도움을 받아 이권과 발전·번성이 따른다.

- **하늘이 비명을 지르거나 슬프게 통곡하는 꿈**
 자신에게 몹시 비통한 일이 발생된다.

- **하늘을 우러러 사방을 두루 살피는 꿈**
 자신이 계획하는 일들이 순조롭게 성취된다.

- **하늘과 땅이 계속해서 도는 꿈**
 자신이 계획하는 일에 변화·개혁 및 이동 등이 찾아온다.

- **하늘과 해, 산, 구름이 아름답게 보이는 꿈**
 점차 자신의 사업 기반이 견고해지며 안정과 풍요가 찾아온다.

- **하늘이 꽁꽁 얼어붙은 꿈**
 전쟁이 찾아올 징조이다.

- **하늘의 은하수를 건너는 꿈**
 이성간의 교제나 회합 및 결연이 이루어질 징조이며 하는 일에 발전이 있다.

- **하늘을 향하여 큰소리로 통곡하는 꿈**
  신변에 억울한 사정이 생긴다든지 본의 아니게 오해나 모함 등이 찾아온다.

- **하늘 위에 배나 수레 또는 기구를 타고 오르는 꿈**
  계획하는 일이 순조롭게 발전하여 마침내 입신, 영달한다.

- **자신의 몸이 하늘로 높이 떠오르는 꿈**
  평소 착한 사람에게는 좋은 기회나 많은 이권이 찾아온다.

- **하늘 위로 사다리를 타고 올라가는 꿈**
  지위나 명예가 상승하고 부귀를 누리게 될 징조이나 병자에게는 해롭다.

- **하늘의 거리를 산책하는 꿈**
  명예와 지위가 향상되고 계획하는 일이 잘 된다.

- **하늘에 올라 연못을 파거나 터널을 뚫는 꿈**
  자신의 이익이나 명성과 발전을 얻게 되며 재물의 낭비, 이별하는 가능성이 높다.

- **하늘의 빛이 터널 한가운데에 나타나는 꿈**

명성과 이득이 증진되고 차츰 매사가 안정된다. 그리고 병자에게는 병의 쾌유가 있을 징조이다.

- **하늘에서 눈이나 거울 등을 보게 되는 꿈**
  사업의 번성과 의·식·주의 안정을 얻게 되고 부귀와 발전을 얻을 징조이다.

- **하늘에서 닭의 울음 소리나 아름다운 음악 소리가 들리는 꿈**
  학문이나 전문 분야 종사자는 널리 이름을 떨치게 된다.

- **하늘나라에 이르는 큰 다리나 푯말 등이 보이는 꿈**
  장래 크게 명성을 얻고 입신, 영달을 성취하게 될 징조.

- **하늘에 올라 곡식의 종자나 과일 등을 얻는 꿈**
  자신이 하는 일에 이익과 발전이 융성하게 된다.

- **하늘에 올라 신령과 대화를 나누는 꿈**
  힘있는 사람의 도움·협력·총애를 받게 된다. 그러나 보통사람에게는 흉몽이다.

- **하늘을 전투기 등을 타고 날아다니는 꿈**
  자신이 하는 일에 이윤이 적고 말썽과 다툼이 생긴다.

- **하늘을 돌아다니며 별을 주워 모으는 꿈**
  관리나 샐러리맨은 승진·영전하고 부귀 번창할 징조이다.

- **하늘에 올라 아내나 동지를 찾는 꿈**
  귀인을 만나 경사가 생길 징조이다.

- **하늘에 올라 세상을 떠난 부모나 조상들을 만나는 꿈**
  귀인의 도움을 받는 일도 있으나 장차 자신에게 큰 재난이나 위험이 닥친다.

- **하늘나라에 올라 신선이나 도사를 만나 도를 닦는 꿈**
  시험의 합격, 귀인의 도움을 받아 반드시 입신·영달·부귀 번창이 찾아온다.

- **하늘에 올라 부처나 보살·나한 등을 만나는 꿈**
  그간 쌓은 공덕으로 다복, 장수하는 은택을 누리게 된다.

- **하늘의 신령이 자신을 부르는 꿈**
  부귀 번성하며 발전·성취가 찾아온다. 그러나 병자에게는 흉몽이다.

- **태양을 가린 구름이 걷히면서 빛을 내는 꿈**

자신의 이익이 늘어나 지위 및 신분이 상승한다.

● **태양이 하늘 한가운데 떠올라 빛을 내는 꿈**
사업이 발전하고 신분과 명망이 향상되며 부귀 번성할 징조.

● **태양을 떠받들거나 품에 끌어안는 꿈**
장래 크게 출세하여 부귀하고 영예와 풍요를 누리게 되는 행운이 찾아온다.

● **태양을 삼키거나 태양을 전해 받는 꿈**
장래 훌륭한 자식을 두게 될 징조이다.

● **태양을 올라타고 달리거나 날으는 꿈**
귀인은 이름을 떨칠 징조이나 몸이 열기로 인하여 질병 내지 곤경에 처할 우려가 높다.

● **태양의 빛이 대문이나 집 안을 환하게 비추는 꿈**
태몽으로 장래 귀하게 될 자식을 두게 된다.

● **태양이 커튼이나 휘장에 달려 있거나 이불 속으로 들어오는 꿈**
부녀자는 장래 귀하게 될 자녀를 수태한다든지 천정배필을 만날 길몽이다.

● **태양과 싸우는 꿈**
  집안에 말썽이 발생될 징조이며 투쟁이나 소송·사건 등에 휘말릴 위험이 높다.

● **태양 한가운데 사람이 들어 있는 것을 보는 꿈**
  남에게 미행을 당한다든지 간교한 술수에 의해 곤경을 치르게 된다.

● **태양에 뿔이 생긴 꿈**
  하는 일 없이 노는 사람이 장래 크게 성공할 길몽이다.

● **태양이 화려한 오색빛을 발산하는 꿈**
  입신 양명하여 부귀 영화를 누리게 될 징조이며, 태몽은 귀한 자식을 두게 된다.

● **태양이 지평선 위로 막 떠오르는 꿈**
  지위와 명예가 상승하고 사업이 번성하고 질병이 쾌유될 징조이다.

● **태양이 추락하다가 솟아오르는 꿈**
  자신이 하는 일에 신중하게 행동해야 하며 항상 경계를 게을리하지 말아야 된다.

- **태양을 화살이나 총으로 쏘아서 땅에 떨어뜨리는 꿈**
  관리는 입신, 영달하고 부귀, 번성할 징조이며 소송에 이길 징조이다.

- **태양이 자신의 몸을 비추는 꿈**
  자신이 경영하는 사업이 차츰 번창하며 귀한 자녀를 잉태할 길몽이다.

- **태양을 짊어지고 우물 밖으로 나오는 꿈**
  실력자의 도움으로 환난이나 곤경 등 액운을 벗어나게 될 징조이다.

- **태양을 벌레가 갉아먹는 꿈**
  부모의 우환, 질병 및 모함·배신·기만 등의 피해를 입게 될 징조이다.

- **태양과 달이 부딪쳐 이즈러지는 꿈**
  소송 등으로 말썽과 손실이 발생하고, 부부간의 불화·대립 등이 생긴다.

- **해와 달이 자신의 몸에 달라붙는 꿈**
  하는 사업이 번창하고 이익이 증대되며 태몽일 경우 귀한 자식을 두게 된다.

- **해와 달이 동시에 떠서 찬란한 빛을 내는 꿈**
  자신과 집안에 좋은 일이 따르게 될 길몽이며 부귀, 번성을 누리게 된다.

- **태양과 달이 같이 뜨고 몸에 풀이 돋아나는 꿈**
  집안이 평안하고 계획했던 일이나 소망한 일이 발전할 징조이다.

- **보름달이 밝은 빛을 내는 꿈**
  사업이 번성하며 계획했던 혼인의 성취 및 태몽일 경우 귀한 자녀를 출산한다.

- **달을 가슴에 끌어안는 꿈**
  부녀자는 귀하게 될 딸을 낳고 남자는 예쁜 배필을 맞이하게 될 징조이다.

- **달을 활이나 창, 칼 등으로 찔러 피가 흐르는 꿈**
  큰 사고나 불행스런 일 등을 겪게 될 징조이다.

- **달을 따려고 사다리를 밟고 올라가는 꿈**
  전문 분야 종사자는 이름을 떨치고 귀인이나 힘이 있는 사람을 만날 수 있다.

- **달을 입으로 삼키는 꿈**
  장래 슬하에 귀하게 될 자녀가 태어날 태몽이다.

- **달빛이 사방으로 흩어지는 꿈**
  여자와 이별수가 있거나 헤어지게 될 징조이다.

- **달빛이 침침하거나 캄캄한 꿈**
  집안에 우환이나 신병과 손실이 따르게 될 징조이며 부인의 수태에는 길하다.

- **달이 떨어지는 꿈**
  하는 일의 부진과 손실 등 여러 가지 곤란이 따르게 될 불길한 징조이다.

- **태양이 물 속으로 잠기는 꿈**
  사업의 부진·투쟁·말썽 등 장애와 우환이 발생될 징조이다.

- **초승달 끝이 큰 별과 맞물려 있는 꿈**
  장차 큰 말썽이나 손실 등 장애가 발생될 징조이다.

- **달이 옷소매나 옷 속으로 날아 들어오는 꿈**
  만사가 형통할 징조이며 장차 귀하게 될 자녀를 잉태한다.

- **물 위에 뜬 달이 부서지는 것을 보는 꿈**
  신변에 허망함이나 장애 등 온갖 고난을 치르게 될 징조이며, 흉몽이다.

- **달빛이 지붕이나 창문 등 방 안을 훤히 비추는 꿈**
  장래 귀하게 될 딸을 낳게 될 태몽이며, 멀리서 소식이 온다.

- **보름달이 바다 위로 떠오르는 꿈**
  매사 하는 일이 순조롭고 계획했던 혼인이 성사되며 귀한 자식을 출산케 된다.

- **빛이 구름이나 어떤 물체에 의해 가리워지는 꿈**
  사업의 부진, 집안에 질병, 그리고 좋지 못한 일이 찾아올 징조이다.

- **달빛이 몸을 환히 비추는 꿈**
  사업이 발전하는 등 여러 가지 이로움이 따르게 된다.

- **달 속에 들어가는 꿈**
  장차 크게 기쁜 일이나 귀함이 따를 징조이다.

- **달이 우물 속으로 떨어지는 꿈**

고난과 손실이 늘어나며 장애와 환난에 부딪치게 될 징조이다.

● **달 속에 들어가서 보물을 얻는 꿈**
사업이 번성하고 재물이 따르고 귀한 자식을 얻게 된다.

● **숲 속에 밝은 달이 떠 있는 꿈**
점차 사업이 번성하고 이름을 떨칠 징조이다.

● **달나라의 궁전을 청소하는 꿈**
젊은 부인은 장차 귀한 자식을 얻게 될 태몽이며, 시험 등에 기쁨을 얻는다.

● **달 한가운데 자신의 그림자가 비쳐 보이는 꿈**
전문 분야 종사자는 명성이나 영예를 획득하게 된다.

● **입으로 별을 삼키는 꿈**
훌륭한 자식을 두거나 부귀를 성취하게 될 징조이다.

● **큰 별이 밝은 빛을 나타내는 꿈**
귀인의 도움으로 지위나 명예가 상승하고 부귀 영달하는 징조이다.

- **별이 떨어져 자신의 다리에 부딪치는 꿈**
 갑자기 사고나 재앙이 발생하여 곤경을 치르게 될 징조이다.

- **달을 향해 향을 피우고 절하는 꿈**
 매사 은밀한 가운데 계획하던 일을 성취하는 길몽이다.

- **혜성이 꼬리를 끌며 날으는 꿈**
 장차 낭패 및 재난과 풍파가 발생될 징조이다.

- **유성이 땅 위에 떨어지는 꿈**
 시비나 구설 등 우환·사고 그리고 재난이 발생될 징조이다.

- **서쪽의 금성을 보는 꿈**
 신변에 재난 및 형벌, 투쟁, 그리고 액화가 발생될 징조이다.

- **북두칠성이 침침하거나 빛을 잃는 꿈**
 모든 일의 부진 및 낭패와 장애를 치르게 될 징조이다.

- **유성이 입으로 들어오는 꿈**

주변에 시비・다툼 및 말썽과 질병, 그리고 액화를 경계해야 한다.

● **별들이 이리저리 움직이는 꿈**
새로운 일로 승진・영전 및 명예의 향상을 얻게 될 징조이다.

● **별이 방 안이나 침대에 떨어지는 꿈**
장래 훌륭한 자손을 두게 되거나 또는 상서로움을 얻게 될 징조이다.

● **별들이 사방으로 흩어져 있는 꿈**
말썽이나 손실이 일어나는 등 곤경을 치를 징조이다.

● **별을 따 가지거나 별을 붙잡는 꿈**
장차 부귀, 영달과 번창・발전을 누리게 되며 귀하게 될 자식이 출생할 태몽이다.

● **별이 빛나는 기구나 물건 등을 얻는 꿈**
신변에 장차 권위나 명망, 부귀, 입시, 출세 등 영달이 따르게 될 징조이다.

● **바람에 몸이 허공에 떠서 날으는 꿈**

장차 집안에 우환이나 질병 및 손실을 겪게 되고 장애가 발생될 징조이다.

● 큰 바람이 갑자기 일어나는 꿈
신변에 어려운 일이 사라지고 점차 안정과 혜택이 따르게 될 징조이다.

● 바람이 배나 수레를 미는 꿈
이권의 증대 및 좋은 사람의 도움을 얻게 될 것이다.

● 광풍이 갑자기 휘몰아치면서 폭우가 쏟아지는 꿈
신변에 하는 일마다 손실이 늘어나고 낭패와 풍파를 치르게 될 징조이다.

● 바람에 누각이나 집이 몹시 심하게 흔들리는 꿈
여러 가지 불안과 장애 등 손실을 겪게 될 징조이다.

● 세 개의 별이 나란히 집이나 방 안을 비추는 꿈
처녀는 결혼하고, 부인은 장차 귀한 자식을 임신하게 되는 태몽이다.

● 바람이 불다가 갑자기 그치는 꿈

이동 계획, 진행하고 있는 일이 지연되거나 정지될 징조이다.

● 바람에 자갈·모래·티끌 등이 흩날리는 꿈
  작은 것이 큰 것에 피해를 끼치는 일이 일어날 징조이다.

● 성채나 요새의 바깥에서 갑자기 큰 바람이 일어나는 꿈
  자신의 주위를 사전 단속해야 손실과 낭패를 줄일 수 있다.

● 바람이 불어 집이나 궁궐의 대문을 활짝 열어놓는 꿈
  이권이 늘어나고 지위나 명예의 발전이 따르게 될 징조이다.

● 거센 바람 한가운데 드러누워 있는 꿈
  사업의 부진, 손실 및 침해·모욕 등의 장애를 겪기 쉽다.

● 여자가 바람을 타고 있는 것을 보는 꿈
  학문이나 전문 분야 종사자는 번창이 따르게 될 징조이다.

● 바람이 부는데 술이나 음식을 먹는 꿈
  입시를 앞둔 학생이나 공직자, 회사원 등은 대길하다.

● 큰 바람이 불어 큰 나무가 뽑히거나 꺾이는 꿈

장차 신변에 장애가 발생하여 부모·아내와 자식에게 손상이 초래됨을 의미한다.

● **바람에 날려 궁궐에 들어가는 꿈**
관리나 학생은 시험에 합격할 가능성이 높고, 추천 등으로 영달을 누리게 된다.

● **오색 구름을 입으로 삼키는 꿈**
장차 훌륭한 자손을 잉태하게 될 태몽이다.

● **오색 구름이 피어나는 꿈**
지위와 명예가 높아지고 이권이 늘어나며 풍요와 평안이 찾아올 징조이다.

● **검고 흰 구름이 몸을 휘감는 꿈**
갑자기 신변에 질병이나 사고·형벌·투쟁 등으로 낭패가 발생할 징조이다.

● **붉은빛과 노란 구름이 땅 위에 피어오르는 꿈**
하는 일이 순조롭게 진척되며 이권이 풍부해질 징조이다.

● **입으로 내뿜는 기운이 구름으로 변하여 하늘을 날으는 꿈**
학문이나 전공 분야 종사자는 명성을 떨치게 된다.

- **상서로운 구름이 사방에서 피어나는 꿈**
  부녀자는 혼인·수태 등 번성과 영달의 기회를 얻게 될 상서로운 징조이다.

- **구름을 밟고 하늘 위를 오가거나 은하수를 날아다니는 꿈**
  명예와 지위의 상승, 그리고 이익과 성취가 증대될 징조이다.

- **바람이 불어 소나무가 흔들리면서 음악 소리를 내는 꿈**
  명예가 높아지고 이권을 얻으며 좋은 소식을 듣게 된다.

- **발 밑에서 푸른 구름이 피어오르는 꿈**
  전문 분야 종사자는 이득이 많아지고 먼 길을 떠날 일이 생길 징조이다.

- **구름이 화폐나 동전 등 돈으로 변하는 꿈**
  봄과 여름에는 좋으나 가을, 겨울에는 손실과 재앙이 따르는 낭패의 징조이다.

- **구름이 걷히고 글자나 문서가 보이는 꿈**
  우환과 근심이 사라지고 소망한 일을 달성할 징조이다.

- **분홍색 구름이 마당에 피어나는 꿈**
  집이나 사업의 이권이나 큰 재물이 따르게 될 징조이다.

- **구름이 용의 모습이나 말의 모습을 하는 꿈**
  평소 소망했던 일이 순조롭게 성취되고 발전이 따를 징조이다.

- **천둥이 울려서 머리에 충격을 당하는 꿈**
  매사 신중해야 하며 우환, 사업의 손실과 낭패가 찾아올 나쁜 징조이다.

- **천둥이 우르릉거리는 꿈**
  명예와 이권이 차츰 향상되고 하는 일에 큰 결실을 얻게 될 징조이다.

- **천둥이 땅 위에서 일어나는 꿈**
  이동과 변화가 실현될 조짐이며, 학자는 명성을 떨치게 될 징조이다.

- **천둥이 사방에서 일어나는 꿈**
  관리나 학자는 명예가 높아지고 사업가는 이익이 풍성해진다.

- **천둥으로 집이 불에 타는 꿈**
  재물이 늘어나며 명예 등에 발전이 따르게 될 징조이다.

- **천둥이 울려 큰 나무가 부러지는 꿈**
  명예의 손실, 질병, 사업의 부진 등이 발생될 징조이다.

- **천둥이 무서워서 피하는 꿈**
  이동과 변화로 피해나 손실이 늘어나게 될 징조이다.

- **천둥이 집이나 방 안을 둘러싸고 울리는 꿈**
  귀인의 도움을 입게 되고 병자는 훌륭한 의사를 만난다.

- **천둥이 집을 향해 다가오는 꿈**
  장차 신변에 질병·혼인·재물·지위·이권 등에 큰 재난이 발생할 징조이다.

- **번개와 함께 비바람이 일어나는 꿈**
  사고 발생 우려가 높다. 변화를 겪게 될 징조이다.

- **붓이나 벼루에서 구름이 피어나는 꿈**
  전문 분야 종사자는 이름을 크게 떨치고 목표 성취가 따를 징조이다.

● 천둥과 함께 번갯불이 몸을 비추는 꿈
  이름을 떨쳐 벼슬을 얻는 등 귀인의 총애를 받게 될 징조이다.

● 벼락을 맞는 꿈
  평소 나쁜 행동을 한 사람은 재앙과 풍파 등 낭패가 따를 징조이다.

● 번갯불이 숲 속 한가운데 떨어지는 꿈
  우환과 번민이 사라지고 구설이 사라질 징조이다.

● 번갯불이 산간의 개울이나 시냇물 한가운데로 떨어지는 꿈
  태몽으로 장래 귀하게 될 자손을 출산하게 된다.

● 번갯불이 사람의 몸을 비추는 꿈
  이권과 소득이 풍부해지며 목표 성취가 이뤄질 징조이다.

● 비가 쏟아지는 꿈
  근심과 의혹 등 장애를 겪게 되고 말썽을 치르게 될 징조이다.

● 가랑비가 부슬부슬 내리는 꿈
  사업 · 질병 · 직업 그리고 하는 일에 장애나 손실이 따를

징조이다.

- **비가 쏟아져 마당에 물이 범람하는 꿈**
  사업의 번성·발전과 풍요가 따르게 될 징조이다.

- **큰비가 내려 몸을 흠뻑 적시는 꿈**
  장차 신변에 귀인을 만나게 될 징조이며, 질병을 앓는 환자는 몹시 흉험하다.

- **길을 가다가 비를 만나는 꿈**
  장차 신변에 만남의 즐거움이 생길 징조이다.

- **큰 빗줄기가 쏟아지는 꿈**
  하는 일에 우울·부진·손실 등과 연관된 장애가 따를 징조이다.

- **붉은 색깔의 비가 내리는 꿈**
  장차 큰 재난 또는 풍파가 발생하여 낭패를 치르게 된다.

- **금이나 쌀·조 등이 하늘에서 쏟아지는 꿈**
  재물이 번성하며 장차 풍성한 복을 얻을 징조이다.

- **비가 내리는데 논밭갈이를 하는 꿈**

귀인의 도움을 받아 승진·영전하는 등 영달이 따를 징조이다.

● **비를 맞으며 산에 오르는 꿈**
 신변에 여러 가지 불이익을 겪게 될 징조이며 흉몽이다.

● **머리를 풀어헤치고 빗속을 걸어가는 꿈**
 장차 하는 일의 부진 및 말썽과 손실이 발생될 징조이다.

● **비가 내리기를 기원하는 꿈**
 하는 일이 순조롭고 형통할 징조이며, 처녀에게는 길몽이다.

● **번개가 번쩍거리는 꿈**
 관리에게는 승진 또는 영전이 따를 징조이다.

● **비를 맞으면서 음식을 먹는 꿈**
 힘이 있는 사람의 도움을 받을 가능성이 높고 혼인·질병·소송 등에 이로움을 얻는다.

● **비가 내리는데 수레나 배·차량을 타는 꿈**
 장차 명예와 이득 관계에 발전을 얻게 될 징조이다.

● 비가 쏟아져 문 밖에 파도가 출렁이는 꿈
  신변에 이권과 재물이 흥성하고 부녀자는 잉태의 기쁨이 있을 징조이다.

● 내리던 빗방울들이 꽃으로 변하는 꿈
  부녀자가 임신하면 훗날 귀하게 될 딸이 잉태될 징조이다.

● 이슬에 모자가 젖은 꿈
  귀인의 도움을 받아 하는 일이 점차 형통할 징조이다.

● 이슬을 받아 마시는 꿈
  장차 유력자의 도움을 받아 추천·발탁 등 은택을 입게 될 징조이다.

● 이슬에 옷이 축축하게 젖는 꿈
  기쁜 일을 만나며, 혼인에는 좋은 배필을 만나게 될 징조이다.

● 이슬 맺힌 꽃송이가 피어나는 꿈
  명예가 향상되고 소득이 증대되며 거래의 성취가 따를 징조이다.

● 밤이슬이 내리고 달이 밝게 비추는 꿈

남녀간의 교제나 사적인 만남 등의 기회가 생길 징조이다.

● **이슬이 맺히면서 구슬로 변하는 꿈**
 장차 하는 일의 성취와 이권의 증대가 따르게 될 징조이다.

● **이슬이나 안개로 주위가 어두컴컴한 꿈**
 애매 모호한 일로 손실 또는 장애가 발생하기 쉬울 징조이다.

● **안개가 집이나 건물을 뒤덮어 주위를 분간하기 어려운 꿈**
 가정과 하는 일에 손실이 발생하게 될 징조이다.

● **상서로운 안개가 주위에 자욱하게 펼쳐져 있는 꿈**
 명예가 향상되고 하는 일이 순탄할 징조이다.

● **안개가 하늘을 가로막아 어두컴컴한 꿈**
 하는 일이 겉돌거나 계획이 어긋나서 여러 가지 말썽을 겪게 될 징조이다.

● **서리나 이슬이 녹아 내리거나 사라지는 꿈**
 온갖 장애가 사라지고 타협이 가능해질 징조이며, 잉태는 유산의 위험이 높다.

- **이슬이 맺히고 서리가 내리는 꿈**
  윗사람의 총애를 받아 입신, 번창을 획득하게 될 징조이다.

- **큰비가 내려 담장이나 집이 부서지는 꿈**
  하는 일의 낭패 및 장애가 발생될 좋지 않은 징조이다.

- **이슬이 서리로 변하거나 서리가 눈으로 변하는 꿈**
  작은 일을 소홀히 하면 그에 따라 일어나는 여러 가지 손실 등 낭패를 치르게 될 징조이다.

- **서리를 밟으면서 길을 가는 꿈**
  고민 등으로 하는 일에 시련과 장애를 겪게 될 징조이다.

- **눈이 녹는 꿈**
  장차 하는 일에 어려움을 겪게 될 징조이다.

- **눈이 땅에 두텁게 쌓이는 꿈**
  장차 좋지 못한 재액 내지 낭패가 발생될 징조이다.

- **눈사람을 보는 꿈**
  장차 하는 일의 시행착오나 후회가 있을 징조이다.

● **눈이 곧장 녹는 꿈**
  말썽·근심·소송 등의 장애와 번거로움이 사라질 징조이다.

● **여름에 눈이 내려 눈더미가 높이 쌓이는 꿈**
  부모 또는 집안에 흉한 일이 발생하기 쉬울 징조이다.

● **장례를 치르는 도중에 갑자기 눈이 쏟아지는 꿈**
  되풀이하는 흉액이나 재난 등 낭패를 치르게 될 징조이다.

● **눈이 마당에 수북이 쌓이는 꿈**
  액화가 발생될 위험이 높으므로 매사 경계를 요하는 징조이다.

● **눈 한가운데서 춤을 추는 꿈**
  귀인의 도움을 받고 질병이 호전·쾌유될 징조이다.

● **눈에 대한 시를 짓거나 노래를 부르는 꿈**
  학문 및 사고와 의식 등이 한층 더 발전하게 될 징조이다.

● **눈이 덮인 땅 위에 드러눕는 꿈**
  전문 분야 종사자는 헛된 명망이 높아지고, 사업가는 실속없는 일로 바쁠 징조이다.

- **눈이 몸 위에 수북이 쌓이는 꿈**
  명예와 매사에 순조로운 발전과 안정이 찾아올 징조이다.

- **눈을 입으로 삼키는 꿈**
  자신이 하는 사업이나 거래 관계에서 실적이나 이득이 기대에 못 미칠 징조이다.

- **눈을 끓이거나 데우는 꿈**
  장차 장애와 손실이 따를 징조이며, 혼인은 성사된다.

- **큰눈이 내리는데 논밭을 일구는 꿈**
  장사꾼이나 농부는 하는 일에 이익의 증대를 얻게 될 좋은 징조이다.

- **눈이 산 위에 높이 쌓이는 꿈**
  신변에 근심과 장애가 가중될 징조이며, 부모에게 우환이 발생할 징조이다.

- **눈송이가 꽃잎으로 변하여 허공에 흩날리는 꿈**
  명예의 향상이 따르나 결과가 좋지 않은 것에 유의해야 한다.

- **물이 엉켜서 얼음으로 변하는 꿈**
  명예가 상승하며 매사가 원만하고 순조롭게 진척을 보일 징조이다.

- **얼음이 모여 산을 이루는 꿈**
  하는 일의 번성의 시기가 길지 않고 잉태에는 길몽이다.

- **얼음 위를 달리거나 빙판에 드러눕는 꿈**
  소송과 불이익이 따르고 병자는 신속한 쾌유를 이루지 못한다.

- **벼루에 있던 물이 얼음으로 변하는 꿈**
  하는 일에 큰 공적을 기대하기 힘드나 대체로 작은 일은 어느 정도 이루어진다.

- **처마에서 떨어진 물이 얼음으로 변하는 꿈**
  장차 고난이 따를 징조이며, 계획했던 혼인은 성사된다.

- **화초 가지 끝에 매달린 얼음이 구슬로 변하는 꿈**
  명예와 이익의 증대 및 잉태 등으로 기쁨을 얻게 될 징조이다.

- **얼음을 깨뜨린 곳에서 고기가 나오는 꿈**

뜻하지 않은 이익이 발생한다든지 부모의 질병이 차츰 쾌유될 징조이다.

● **얼음 덩어리가 쏟아지며 몸을 때리는 꿈**
은밀한 내용이 게재된 일로 신변에 커다란 손실이 생기기 쉬울 징조이다.

● **우박이 논밭이나 곡식더미 위에 떨어지는 꿈**
농부에게는 풍성한 결실과 성취가 따르게 될 징조이다.

● **우박과 비가 쏟아져 내리는 꿈**
매사에 손해를 경계하고 변화를 실리있게 유도하면 길할 징조이다.

● **입으로 무지개를 삼키는 꿈**
명성을 떨치거나 부인의 잉태에는 똑똑한 자식이 출생할 징조이다.

● **무지개가 하늘가에 피어나는 꿈**
신변의 불안 및 소요 등으로 장애를 겪게 될 불길한 징조이다.

● **무지개가 하늘로 뻗쳐오르는 꿈**

이권의 획득을 기대할 수 있고 귀한 자식이 출생할 태몽이다.

● **무지개가 몸을 에워싸는 꿈**
 장차 신변에 귀인의 추천·도움이 이루어질 징조이다.

● **얼음을 깨면서 배를 타고 물을 건너는 꿈**
 하는 일에 상당한 이익의 향상과 권리의 증대를 얻게 될 징조이다.

● **노을이 빛나는 꿈**
 명성과 지위가 점점 올라가고 이익과 권리가 늘어날 징조이다.

● **저녁노을빛이 스산하게 흩어지는 꿈**
 하는 일의 부진 및 매사 쇠퇴와 침체를 모면키 어렵게 될 징조이다.

● **노을빛이 옷을 비추는 꿈**
 귀인의 도움을 얻거나 어진 친구 또는 자식이 생길 징조이다.

- **복숭아나 살구꽃이 노을이 펼쳐진 듯 보이는 꿈**
 하는 일에 목표를 성취할 징조이며, 혼인에는 좋은 사람을 만난다.

- **하늘이 푸르고 해맑은 모습을 보이는 꿈**
 하는 일이 순탄하고 집안이 태평스런 징조이다.

- **해가 지붕 위에 뜨거나 머무는 꿈**
 권위가 높아지고 이익이 늘어나며 장래 귀하게 될 자손이 출생할 징조이다.

- **해가 서쪽으로 떨어지는 꿈**
 하는 일에 낭패, 불길의 재난이 찾아올 징조이다.

- **달이 품에 들어오거나 끌어안는 꿈**
 아름다운 여인을 만나거나 귀한 자손을 얻게 될 징조이다.

- **달이 빛을 잃는 꿈**
 어머니나 부녀자에게 장래 좋지 않은 일이 발생할 징조이다.

- **하늘이 높이 보이는 꿈**
 장차 하는 일에 이익이 늘어날 징조이다.

- **해가 붉은 빛을 내는 꿈**
  장차 명예와 이권이 향상될 행운이 찾아올 징조이다.

- **달빛이 집이나 문을 비추는 꿈**
  집안에 점점 재물과 권위가 늘어날 징조이다.

- **별이 반짝이는 꿈**
  학문이나 예술로 이름을 크게 떨칠 행운이 찾아온다.

- **별을 삼키거나 입 안으로 들어오는 꿈**
  장래 귀한 자손을 잉태하게 될 태몽이다.

- **하늘이 하얀색으로 변하는 꿈**
  하는 일에 점차 재물이 늘어나고 이권이 향상될 징조이다.

- **해가 서쪽에서 떠오르는 꿈**
  서쪽에 있는 친척이나 친구에게 기쁜 일이 생길 징조이다.

- **태양이 산마루에 걸렸다가 다시 떠오르는 꿈**
  사업을 추진하거나 소망한 일이 목표를 이룰 징조이다.

- **해가 동쪽 하늘에서 떠오르는 꿈**
  사업 번창, 신변에 입신, 영달이 찾아올 징조이다.

- **달에 화려한 문양이 빛나는 꿈**
  장차 재물과 명성·지위 등에 발전에 따를 징조이다.

- **달이 빛을 잃거나 시꺼멓게 변하는 꿈**
  집안에 우환과 장애 및 손실이 있게 될 징조이다.

- **별들이 혼란스럽게 흩어져 뒤엉켜 있는 꿈**
  장차 신변에 소송·경쟁 및 말썽이 생길 징조이다.

- **하늘이 낮고 어두컴컴한 꿈**
  큰 사고를 당하거나 상복을 입는 불행한 사태가 발생하기 쉬울 좋지 않은 징조이다.

- **하늘에 노을빛이 가득한 꿈**
  하는 일에 재물과 이권이 늘어나는 행운을 얻게 될 징조이다.

- **해를 받쳐들거나 품속으로 들어오는 꿈**
  자신의 입신, 영달 또는 장차 귀한 자손을 볼 징조이다.

- **달빛이 밝게 비추는 꿈**
  사업의 안정과 신변에 번영이 따르게 될 징조이다.

- **밤하늘에 별들이 총총히 빛나는 꿈**
  자신의 권리와 하는 일에 이익의 향상을 얻게 될 징조이다.

- **땅을 구입하는 꿈**
  재물과 이권이 늘어나거나 지위나 명성이 오르게 될 징조이다.

- **광활한 토지를 보는 꿈**
  장차 사업이 번성하고 안정과 발전이 따르게 될 징조이다.

- **땅이 움직이는 꿈**
  직업의 변동이 따르며, 신변에 후회와 손실이 따르는 곤란을 겪게 될 조짐이다.

- **땅이 갈라지는 꿈**
  사업의 부진, 어머니 또는 부인에게 장애와 손실 등이 찾아오는 불길한 징조이다.

- **땅이 굴러가는 꿈**
  장차 사업이 번성·발전하게 될 행운이 찾아올 징조이다.

● 야트막한 땅이 높게 변하는 꿈
  사업이 번성하고 이익과 권리가 풍부해질 징조이다.

● 땅이 낮게 내려앉거나 깊이 패이는 꿈
  집안이 기울고 가족이 흩어지는 등의 재난과 액운이 발생할 징조이다.

● 땅바닥에 편하게 드러눕는 꿈
  전문 분야의 종사자는 시험에 합격하고 계획했던 일에 소원 성취를 얻게 될 징조이다.

● 별이 하늘에서 떨어지는 꿈
  장차 사고나 액화 등 낭패에 부딪히게 될 징조이다.

● 땅이 한쪽으로 기우는 꿈
  신변에 투쟁과 말썽으로 낭패 내지 손실이 발생될 징조이다.

● 땅의 기복이 심한 꿈
  신변에 장애를 겪게 되며 이익이나 권리를 제대로 얻기 힘들 징조이다.

- **땅 속에 들어가서 태양을 보는 꿈**
  번영과 발전이 뒤따르고 부귀해지며 손실을 회복할 징조이다.

- **대지가 꽁꽁 얼어붙은 꿈**
  이권이 늘고 사업의 발전과 안정을 얻게 될 징조이다.

- **땅 위에 서서 땅 속의 사람과 대화하는 꿈**
  화합 또는 협동이 도모되고 남녀간의 회합이 이루어질 좋은 징조이다.

- **땅을 파서 금은 등을 얻는 꿈**
  남녀 사이에 인연이 맺어지는 동기가 성립될 징조이다.

- **땅 속에 개미떼가 대열을 정돈하는 꿈**
  자신의 권리를 위하여 경쟁하거나 목표를 향해 나아가게 될 일이 생길 징조이다.

- **땅에 책을 파묻거나 파내는 꿈**
  토지의 거래 및 신변에 거주의 이전·소멸 등에 연관된 일이 생길 징조이다.

- **산이 열리면서 앞이 트이는 꿈**

장차 하는 일에 발전과 번성을 얻게 될 대길한 행운이 찾아올 징조이다.

● 산언덕이 만들어지는 꿈
장례나 분묘에 관련된 일이 발생될 징조이다.

● 산중의 숲 속 한가운데를 지나가는 꿈
하는 일이 곤경에 처하기 쉬울 징조이다.

● 산 위에서 말을 타고 달리는 꿈
관리나 직장인은 승진·영전의 기회가 찾아올 징조이다.

● 산 위의 샘이나 연못에서 물이 흐르는 꿈
기대에 어긋난 결과에 부딪치는 손실과 낭패를 겪게 될 좋지 않은 징조이다.

● 산 위에 올라 책을 읽는 꿈
전공 분야의 종사자는 명예가 상승하고 이름을 떨칠 징조이다.

● 명산의 꼭대기에 오르거나 산등성이를 밟고 서는 꿈
지위나 명예가 차츰 높아지고 큰 이익이나 권위를 얻게 될 징조이다.

- **땅이 분리되어 구덩이가 깊이 패이는 꿈**
  장차 상당한 험난과 근심과 액화를 치르게 될 징조이다.

- **숲이 우거진 산을 보는 꿈**
  배우자나 연인을 만나고 장차 명성을 떨칠 징조이다.

- **산이 변하여 평지가 되는 꿈**
  전부터 자리잡은 기반이 허물어지든지 추진하는 일이 폐기되기 쉬울 징조이다.

- **높은 산 위에 깊은 구덩이가 패인 것을 보는 꿈**
  하는 일이 낭패에 부딪혀 신변에 장애와 손실을 치르게 될 징조이다.

- **산 위에 올라 공포를 느끼는 꿈**
  지위나 명예 등 사업의 안정과 발전이 따를 징조이다.

- **산 위에 올라 사람을 만나는 꿈**
  재물 및 인간 관계 등에 연관된 이익 또는 기쁨이 찾아올 좋은 징조이다.

- **산을 일궈 곡식을 심거나 김을 매는 꿈**

점차 이익이 풍성해지며 안정을 누리게 될 징조이다.

● **산중에 있는 개울이나 도랑물을 마시는 꿈**
재물과 이권이 차츰 늘어나며 형통, 발전의 징조이다.

● **산 위에 있는 나무를 베거나 부러뜨리는 꿈**
가족들에게 우환이나 손상 등 낭패나 피해가 생길 징조이다.

● **큰물이 맑고 깨끗한 꿈**
신변에 이익과 권리의 향상 등 발전과 번영을 얻게 될 징조이다.

● **물이 갑자기 메말라 버리는 꿈**
지위나 명성의 쇠퇴와 손실·부진 등 커다란 낭패를 치르게 될 징조이다.

● **물을 계속해서 들이마시는 꿈**
권리와 재물이 풍성해지고 번영을 얻게 될 징조이다.

● **홍수로 큰물이 흐르는 꿈**
자신이 도모하는 일에 큰 이익과 번영을 얻게 될 징조이다.

- **물 속에 들어가서 목욕하는 꿈**
  새로운 출발 또는 도약의 기회가 찾아오게 될 징조이다.

- **물 속에 들어가서 뱀을 잡는 꿈**
  명예와 지위가 높아지며 재물과 이권이 풍성해지고 번영을 얻게 될 징조이다.

- **집 안에서 큰물이 솟아나 흐르는 꿈**
  사업이 번성하고, 이권이 증대되며 질병이 쾌유할 징조이다.

- **물 위를 걸어다니는 꿈**
  이름을 떨치는 등 번영과 복록이 늘어날 징조이다.

- **산이 허물어지는 꿈**
  장차 신변에 장애가 발생하여 손실을 겪게 될 징조이다.

- **물 위에 바람과 구름이 일어나는 꿈**
  사업이 발전하고 신변에 번성이 따르게 될 징조이다.

- **물 속에 들어가 옷을 세탁하는 꿈**
  지금까지 하던 상거래가 오래 지속되지 않을 불길한 징

조이다.

● **광활한 호수의 물이 넘실거리는 꿈**
　재물과 명예가 점차 늘어나 번창, 영달이 따를 징조이다.

● **물 속에 앉아서 글을 짓거나 기물을 만드는 꿈**
　전공 분야의 종사자는 명성이 높아지며, 이권의 증대를 얻게 될 징조이다.

● **흙을 삼키는 꿈**
　신변에 토지와 연관된 손실이 발생되기 쉬울 징조이다.

● **흙 속에 들어간 꿈**
　가정에 하는 일마다 형통, 번성이 따르게 될 징조이다.

● **솟아오른 흙더미 위를 돌아다니는 꿈**
　매사에 불길하고 장차 우환과 재난이 발생될 징조이다.

● **흙을 파헤치거나 흙 속을 열어젖히는 꿈**
　파헤친 흙이 가벼우면 이익이 많고, 무거우면 손해가 발생할 징조이다.

● **흙을 지붕 위에 가득 쌓아올리는 꿈**

관리는 명성이 차츰 높아지고 소득이 늘어나는 영화를 누리게 될 징조이다.

● **진흙 속에 빠져서 허우적거리는 꿈**
사업 부진 및 쇠퇴와 손실 등 장애를 치르게 될 징조이다.

● **집 안의 흙이 솟는 꿈**
장차 질병이 사라지고 귀인을 만나게 될 징조이다.

● **커다란 돌이나 바위를 보는 꿈**
신변에 번성과 영달, 부귀를 얻게 될 징조이다.

● **큰 기둥이나 주춧돌을 보는 꿈**
평안하고 하는 일의 공적이 늘어나고 장차 사업이 번성할 징조이다.

● **커다란 바위나 돌 위에 올라가는 꿈**
이익과 권리가 늘고 영달과 부귀가 풍성해질 징조이다.

● **낭떠러지 주변을 헤매는 꿈**
신변에 장애·손실 등 여러 가지 곤란을 치르게 될 좋지 않은 징조이다.

- **험준한 암벽과 가파른 계곡 등을 보는 꿈**
  하는 일들의 장애 및 낭패와 손실 등 고난을 겪게 될 징조이다.

- **물 속에 빠진 꿈**
  물 위에 뜨면 길하고, 물 속에 가라앉으면 몹시 불길하다.

- **자갈이나 모래가 쌓인 곳으로 다가가는 꿈**
  재물과 이권이 향상·안정되고 발전과 번성을 누리게 될 징조이다.

- **자갈이나 모래가 흩날려서 눈을 뜰 수가 없는 꿈**
  전망이 불투명한 일과 연관되어 신변에 피해가 발생될 징조이다.

- **돌이나 바위에서 샘물이 솟아나는 꿈**
  이권 등에 이익이 향상되고 새로운 기회를 얻게 될 징조이다.

- **강물 한가운데 돌기둥이 세워져 있는 꿈**
  예기치 않는 장애나 손실 등 낭패가 발생될 우려가 있을 징조이다.

- 강물이 거꾸로 흐르거나 풍랑이 거센 꿈
 신변에 낭패와 중단·손실 등 곤경을 치를 징조이다.

- 하천이나 도랑·봇물 등이 개통되는 꿈
 명예, 지위가 높아지고 재물과 이권이 풍성해질 징조이다.

- 하천의 물이 점점 줄어드는 꿈
 하는 일들의 목표 달성이 힘들고 손실이 발생하게 될 좋지 않은 징조이다.

- 하천에 들어가서 물을 들이마시는 꿈
 장차 고난이 사라지고 안정을 획득하게 될 징조이다.

- 강이나 하천의 물빛이 붉은색인 꿈
 신변에 갑작스런 액화 및 낭패·손실 등이 찾아와 재난이 생길 징조이다.

- 호수 한가운데서 갑자기 구름이 피어나는 꿈
 장차 이익과 권리의 증가를 얻게 될 징조이다.

- 호수 위에서 큰 전쟁이나 싸움을 벌이는 꿈
 하는 일의 이권의 향상과 경영사의 번영이 찾아오게 될 징조이다.

- **바다 위에 범선을 띄우고 돛을 펼쳐 매다는 꿈**
  매사 발전을 얻고 명예와 이권이 크게 향상될 징조이다.

- **호수나 강에 배를 띄우고 유람하는 꿈**
  장차 신변에 안정과 풍족함을 누리게 될 징조이다.

- **바닷물이 갑자기 고갈되어 바닥이 드러나는 꿈**
  의외의 문제로 인하여 말썽에 부딪혀 장애나 손실을 겪게 될 징조이다.

- **바다 한가운데서 태양이 떠오르는 꿈**
  명예와 지위가 높아지고 부귀와 번영을 획득하게 될 징조이다.

- **불기운이 사라지는 꿈**
  사업이 쇠퇴하고 이권에 연관된 손실을 치르게 될 징조이다.

- **큰 돌이나 바위를 집 안으로 옮기는 꿈**
  명예와 재물 및 사업의 발전과 안정을 얻게 될 징조이다.

● **대문이나 방문 위에서 불이 붙는 꿈**
  짧은 시간 안에 예상 밖의 어려운 상황에 부딪히게 될 좋지 않은 징조이다.

● **물로 불을 끄는 꿈**
  실수나 착오가 발생하지 않도록 자신을 항상 경계해야 한다.

● **불 한가운데를 오가는 꿈**
  명예를 얻거나 귀인의 도움으로 성공할 징조이다.

● **공중에 큰불이 타오르는 것을 보는 꿈**
  사업이 날로 번성하며, 상거래에는 큰 이득이나 권리를 얻을 행운이 찾아올 징조이다.

● **집 안의 불빛이 밝아 보이는 꿈**
  장차 사업이 번창하고 지위와 명예가 향상될 징조이다.

● **산에 불이 타오르는 꿈**
  사기나 말썽 등의 낭패 또는 재난에 부딪힐 징조이다.

● **불마차를 모는 꿈**
  신변에 지위와 명예가 향상되는 등 풍요와 발전이 따르

게 될 징조이다.

● **귀신이 입으로 화염을 내뿜는 꿈**
전문 분야의 종사자는 좋으나 집안에 손실·장애가 발생할 불길한 징조이다.

● **사방에서 아지랑이나 연기가 구름처럼 피어나는 꿈**
장차 사업의 번창, 발전을 얻게 될 징조이다.

● **연기나 아지랑이가 자욱하게 깔려 헤매이는 꿈**
사업의 목표 달성이 어려우며 송사의 낭패 및 질병은 치유가 힘들 징조이다.

● **집 안에 연기가 가득 차서 눈을 뜰 수가 없는 꿈**
장차 신변에 복잡한 일로 곤란을 받거나 장애를 겪게 될 징조이다.

● **연기나 아지랑이 한가운데서 까마귀가 어지럽게 날아다니는 꿈**
신변에 구설과 시비 및 피해를 겪게 될 징조이다.

● **나무 꼭대기에 연기나 아지랑이가 피어오르는 꿈**
심신의 안정과 번영을 누리게 되며 유익함이 따를 징조이다.

- **사냥을 나가는데 안개나 아지랑이 때문에 혼란을 겪는 꿈**
  도모하는 일의 실패 또는 경쟁에서의 낙오, 질병의 악화가 따르게 될 징조이다.

- **아지랑이가 부엌 한가운데서 피어나는 꿈**
  사업이 번성하고 신변에 부귀와 영달을 얻게 될 징조이다.

- **집 안에서 불길이 치솟는 꿈**
  사업이 번성하고 하는 일마다 발전이 따를 징조이다.

- **아지랑이가 연기를 삼키는 꿈**
  장차 화재의 피해가 발생하게 될 불길한 징조이다.

- **성 위에 올라가는 꿈**
  대중의 신임과 추대를 얻는 기쁨이 따를 징조이다.

- **성채가 뒤집히는 꿈**
  집안에 큰 재난과 손실 등 낭패를 치르게 될 불길한 징조이다.

- **불야성 위에 올라가는 꿈**
  하는 일에 노력을 기울여야 빠른 성취를 이룰 징조이다.

- **성이나 담장을 보수하거나 정비하는 꿈**
  사업이 차츰 번성하고 거주, 직업에 관련된 변화와 이동이 생길 징조이다.

- **성 위에 올라 큰 소리로 우는 꿈**
  신변에 소송이나 경쟁으로 인하여 불이익을 감수하게 될 징조이다.

- **성이 훼손되거나 무너지는 꿈**
  집안에 장차 재난과 액화가 발생하게 될 징조이다.

- **성루에 드러눕는 꿈**
  기계에 의한 사고로 신변에 말썽이 발생될 징조이다.

- **성루에 관이 놓여져 있는 꿈**
  이권이 풍성하며 환자는 질병이 쾌유되는 기쁨을 얻게 될 징조이다.

- **성을 돌아다니면서 화려한 궁전이나 높은 누대를 보는 꿈**
  직업상의 이동·변화 등 신변에 전환의 여건이 발생하게 될 징조이다.

- **성루에 깃발 및 무기나 군대가 가득히 도열한 꿈**

시비나 말썽이 발생되어 손실과 장애를 치르게 될 징조이다.

- **성 위에 찬란한 노을이나 구름이 뭉게뭉게 피어오르는 꿈**
  재물과 이권이 차츰 늘어나며 하는 일의 발전과 성취를 획득하게 될 징조이다.

- **무기로 성채를 공격하는 꿈**
  성을 함락할 경우는 이익이 늘어나, 실패하면 실의에 빠지게 될 징조이다.

- **궁궐의 계단을 오르는 꿈**
  장차 번성, 발전하여 부귀를 획득하게 될 징조이다.

- **궁전 한가운데 들어가 앉아 있는 꿈**
  부녀자의 태몽에는 귀하게 될 자식을 낳고, 질병은 사망의 위험이 따른다.

- **말을 타고 주위를 달리는 꿈**
  자리 변경이나 지방 또는 외국에 나가 근무할 일이 생길 징조이다.

- **궁전 주위를 돌거나 궁전이 빙빙 돌아가는 꿈**
  장차 이동·전환 등에 연관된 일이 발생하게 될 징조이다.

- **궁전이 움직이는 꿈**
  신변에 변동 및 분리 전환과 불편의 장애를 겪게 될 징조이다.

- **궁궐 안으로 깊숙이 걸어 들어가는 꿈**
  명예나 지위가 상승하고 부귀를 얻게 될 징조이다.

- **궁궐 안에 거처를 마련하는 꿈**
  점차 명성이 높아지고 입신, 영달이 따르게 될 징조이다.

- **궁궐의 담장 안으로 들어가는 꿈**
  일반인은 귀하게 되고, 학자는 명망이 높아지며 여자는 당선 등의 영예를 얻게 될 징조이다.

- **물 속의 궁궐을 보는 꿈**
  수명이 얼마 남지 않았음을 알리는 불길한 징조이다.

- **궁궐이 기울거나 허물어지는 등 훼손되는 꿈**
  사업의 쇠퇴 및 지위나 명망을 잃을 징조이다.

- 누각이나 정자가 기울어지거나 모두 망가뜨리는 꿈
  우환이 발생하여 커다란 손실과 장애를 치르게 될 징조이다.

- 단청이 화려한 누대나 정자를 보는 꿈
  하는 일에 발전과 비약을 하게 되고 행운이 찾아올 징조이다.

- 누각이나 정자가 높이 치솟아 있는 꿈
  신변에 발전과 안정, 입시, 영달을 누리게 될 징조이다.

- 누각에 올라 먼 곳을 살펴보는 꿈
  남으로부터 축하를 받는 등 기쁜 일이 찾아올 징조이다.

- 정자를 새로 짓는 꿈
  발전, 번성하여 입신, 영달의 부귀를 누리게 될 징조이다.

- 큰 대청마루와 낭하 및 창고 등을 보는 꿈
  집안이 점차 융성하여 발전할 행운이 찾아올 징조이다.

- 자신이 거처할 새 집을 구하는 꿈
  사업이 번성하고 하는 일이 순조롭게 발전할 징조이다.

- **건물을 지어서 남에게 주는 꿈**
  타인으로부터 축하 또는 존경을 받을 일이 생길 징조이다.

- **집의 대들보나 기둥이 훼손되는 꿈**
  집안에 장애나 손실 등 액화가 빚어지게 될 좋지 않은 징조이다.

- **큰 집을 짓는 꿈**
  사업이 번창하며 입신, 영달의 부귀를 얻게 될 징조이다.

- **도성이나 궁전을 구경하면서 돌아다니는 꿈**
  신변에 지위나 거주에 따른 유동 또는 변화가 발생하게 될 징조이다.

- **남이 내 집의 안방이나 대청에 앉아 있는 꿈**
  억울한 입장에 처하게 되고 불이익이 따르게 될 징조이다.

- **큰 건물이 광풍에 흔들리는 꿈**
  사고나 투쟁·구설 등으로 손실과 장애를 치르게 될 징조이다.

- **집으로 살아 있는 사람이 자신을 찾아오는 꿈**
  오랫동안 떨어져 있던 사람들과의 만남이 생길 징조이다.

- **화려한 집에 편안히 머무는 꿈**
  장차 부귀를 누리게 되며 입신, 영달을 얻게 될 징조이다.

- **대문이나 들창이 활짝 열리는 꿈**
  하는 일에 점차 소득과 이권이 늘어나게 될 징조이다.

- **지붕의 용마루나 처마 끝을 우러러보는 꿈**
  하는 일의 순조로운 성취 및 번성이 따르게 될 좋은 징조이다.

- **집을 떠나서 깊은 산 속이나 섬 속으로 은둔하는 꿈**
  나쁜 여건에 부딪힌다든지 신변에 허망한 결과를 초래하게 될 징조이다.

- **마당에 앉아서 하늘을 쳐다보는 꿈**
  하늘에 해와 달·별 등이 빛나면 번창, 발전의 징조다.

- **닭장이나 닭둥지를 보는 꿈**
  신변에 재물이 늘어나는 좋은 여건이 찾아오게 될 징조이다.

- **외양간 또는 양이나 염소의 우리를 보는 꿈**
  사업의 번성·부귀가 따르게 될 징조이다.

- **돼지우리 안에 들어가 있는 꿈**
  재물의 손실·사고·구금·투쟁 등 낭패가 발생하게 될 징조이다.

- **선반이나 시렁 위에 꽃이나 화분이 얹혀진 것을 보는 꿈**
  남녀간의 애정 등에 연관된 일이 발생하게 될 징조이다.

- **서늘한 선반 아래에 편안히 누워 있는 꿈**
  번성이 따르고 근심과 질병이 사라지는 등 기쁨이 따르게 될 징조이다.

- **화장실에 들어갔다가 오물을 묻힌 채 밖으로 나오는 꿈**
  하는 일이 차츰 발전하고 부귀를 누리게 될 징조이다.

- **화장실에 갇히든지 오물 속에 빠져서 허우적거리는 꿈**
  만약 밖으로 나오지 못할 때는 몹시 불행한 일이 발생하게 될 징조이다.

- **깊은 구덩이나 함정에 떨어져 나뒹구는 꿈**
  신변에 낭패 또는 파탄·사고 등의 재난, 액화가 찾아오

게 될 징조이다.

- **집 안에서 폭소를 터뜨리는 꿈**
  가까운 시일 내에 신변에 억울한 일이 발생될 징조이다.

- **화장실이 파괴되거나 멀쩡하던 곳에 깊은 구덩이가 패여 무너지는 꿈**
  신변에 재물의 손실과 재난 또는 낭패가 발생하게 될 좋지 않은 징조이다.

- **사람에게 오물을 퍼내는 것을 보는 꿈**
  급한 일이 잘 해결되고, 점차 재난과 액화가 사라질 징조이다.

- **배 위에 오물을 누거나 배가 오물에 빠져 잠기는 꿈**
  장차 신변에 사람의 왕래가 발생될 징조이다.

- **똥오줌을 동이나 항아리 등에 담는 꿈**
  급한 일이 스스로 해결되고 귀인의 협력이나 부축을 얻게 될 징조이다.

- **똥오줌을 계속 거둬내도 멈추지 않고 번져나가는 꿈**

모든 일에 장애와 부진을 겪는 등 손실이 따르게 될 징조이다.

● **똥오줌으로 몸을 더럽히는 꿈**
 신변에 부귀와 발전 등 재물과 이권이 풍성해질 징조이다.

● **오줌이 시원하게 나오지 않는 꿈**
 초조한 상황이나 자신이 처해 있는 여건이 쉽게 해소되지 않을 징조이다.

● **똥을 퍼서 집으로 가지고 오는 꿈**
 장차 하는 일에 이권과 재물을 얻게 될 좋은 징조이다.

● **똥오줌을 청소하는 꿈**
 장차 자신의 신변에 좋지 못한 일이 생길 징조이다.

● **집 안이나 실내가 똥오줌으로 지저분해진 것을 청소하는 꿈**
 장차 손실이 감소되고 정돈이 이뤄지게 될 징조이다.

● **똥 속에 많은 구더기들이 우글거리는 꿈**
 하는 일의 발전, 번창 및 성취가 따르게 될 좋은 징조이다.

● **똥 속에 빠져 허우적거리는 꿈**

장차 신변에 많은 재물과 이권이 발생하게 될 징조이다.

● **똥 한가운데 주저앉아서 못 일어나는 꿈**
  신변에 여러 가지로 고난을 겪게 될 좋지 않은 징조이다.

● **솥이나 식기 등에 똥이 가득 들어 있는 꿈**
  큰 재난이나 낭패 등 액화가 따르게 될 징조이다.

● **똥오줌을 퍼낸 오물통이 텅 비어 있는 것을 보는 꿈**
  불필요한 금전 지출이나 재물의 손실이 발생하게 될 징조이다.

● **부엌이나 주방에 대변을 보는 꿈**
  하는 사업이 쇠퇴하고 시비와 손실 등으로 재난을 치르게 될 징조이다.

● **똥오줌에 온몸이 흠뻑 젖는 꿈**
  점차 신변에 재난과 액화가 사라지고 원한이 풀어질 징조이다.

● **똥오줌을 잃어버리거나 도둑맞은 꿈**
  장차 신변에 재물과 이권의 손실 및 장애가 발생할 징조이다.

- **부엌에서 맑은 물이 솟아오르거나 수돗물이 쏟아져 나오는 꿈**
  재물이 점차 풍성해지고 발전과 성취를 얻게 될 징조이다.

- **부엌에서 불이 타는 소리가 들리는 꿈**
  말썽이나 손실·구설 등의 장애가 발생하게 될 징조이다.

- **한 채의 집에 부엌이 두서너 개가 시설되어 있는 꿈**
  모든 일이 더디고 장애 또는 말썽·손실을 만나게 될 좋지 않은 징조이다.

- **커다란 부엌을 만들고 주방 시설을 갖추는 꿈**
  관리는 복록이 늘어나고, 부자는 아들들이 영달할 징조이다.

- **거실의 한가운데에 부엌과 우물이 있는 꿈**
  편안할 때에는 반드시 큰 낭패나 변고 등 액운이 발생될 징조이다.

- **마당과 정원에 여러 개의 부엌 또는 아궁이가 늘어서 있는 꿈**
  사업이 번성하고 의식이 풍족해지는 등 발전이 따르게 될 징조이다.

- **창고나 곳간에 곡식이 가득 차 있는 것을 보는 꿈**

사업이 번성하고 하는 일의 목표 성취를 얻을 수 있을 대길한 징조이다.

● **창고나 곳간을 신축하거나 보수하는 꿈**
사업의 발전·성취를 얻게 될 길한 징조이다.

● **무기고에 들어가는 꿈**
재능이나 실력을 발휘하여 큰 소득이나 이권이 생길 징조이다.

● **말을 대량으로 기르는 사육장을 보는 꿈**
일의 목표 달성 및 이권과 유익함을 얻게 될 징조이다.

● **마구간이 텅 비었거나 파괴된 것을 보는 꿈**
집안 사람들에게 말썽이 발생되는 낭패를 치르게 될 징조이다.

● **마구간에서 말이 춤을 추는 꿈**
장차 신변에 화재나 말썽이 발생될 징조이다.

● **학교의 교실이나 도서관에 들어가는 꿈**
지식이 높아지는 여건이 찾아오게 될 길한 징조이다.

- **학교 건물이 높고 크며 책이 서고에 가득 들어차 있는 꿈**
  명예가 점차 높아지거나 자손에게 영달이 따르게 될 징조이다.

- **학교나 도서관에서 쫓겨나거나 도망치는 꿈**
  하는 일의 부진 및 실적의 미달로 신변에 장애나 낭패를 치르게 될 징조이다.

- **사방에 똥이 가득한 것을 보는 꿈**
  장차 재물이 생기는 행운이 찾아올 조짐이다.

- **집의 대청 아래에 점포를 차리는 꿈**
  신변에 이익이나 권리에 연관된 일이 있게 될 징조이다.

- **큰 점포에 온갖 상품이 가득 차 있는 꿈**
  사업이 풍성해지고 번성, 영달을 이루게 될 징조이다.

- **여관이나 점포에서 음식상을 받거나 길을 떠날 준비를 하는 꿈**
  장차 신변에 우환이 발생하기 쉬울 징조이다.

- **점포에서 물건을 훔치다 붙잡히는 꿈**
  지나친 욕망으로 신변에 피해와 손실이 발생될 징조이다.

● **시끄럽고 번잡한 시장 한가운데를 지나가는 꿈**
  하는 일의 발전과 성취가 따르고 소득과 권리가 점차 늘어날 징조이다.

● **배나 비행기를 타고 시장을 지나가는 꿈**
  하는 일이 힘들고 장애가 빚어지는 손실을 겪게 될 징조이다.

● **남이 개업하는 것을 축하해 주는 꿈**
  상대방은 실속이 있으나 자신에게는 무익하다.

● **많은 사람들이 무리를 지어 시장을 지나가는 꿈**
  장차 신변에 재물 및 이권의 증대가 따르게 될 징조이다.

● **시장에 들어가서 물건을 사고 파는 꿈**
  사업이 차츰 풍성해지며 안정을 얻게 될 징조이다.

● **시장 한가운데서 연기와 불꽃이 일어나는 꿈**
  장차 재물과 소득이 융성해지고 큰 이익을 얻게 될 징조이다.

● **시장 한가운데서 호랑이가 서로 싸우는 꿈**
  신변에 관재·구설이나 질병·말썽·손실 등 피해를 겪

게 될 징조이다.

● **부부가 함께 시장 안으로 들어가는 꿈**
 총명한 자녀를 잉태하고 골육간에 화합이 생기게 될 징조이다.

● **시장에서 곡식을 구입해서 창고에 저장하는 꿈**
 사업이 번성하고 집안에 풍요와 안정을 누리게 될 징조이다.

● **시장에서 붓이나 필기구를 자기 물건과 바꾸는 꿈**
 신변에 공적과 명성이 높아지게 될 징조이다.

● **시장을 돌아다니면서 술을 마시는 꿈**
 재물과 이권이 늘어나고 사업의 목표 달성을 얻게 될 징조이다.

● **자기가 큰 장사꾼이 되어 교역하는 꿈**
 신변에 재물과 이권이 흩어지는 낭패와 장애가 발생하게 될 징조이다.

● **남에게 물건을 사고 파는 꿈**
 질병이나 우환으로 인한 장애가 찾아올 불길한 징조이다.

- **자신이 상인이 되어 점포를 개설하는 꿈**
  보수 또는 확장·추가 등에 연관된 일이 생길 징조이다.

- **길을 잃어버리거나 도로에서 방황하는 꿈**
  신변에 난처한 입장 또는 곤란한 상황이 발생할 징조이다.

- **도로가 갑자기 끊기거나 헝클어진 꿈**
  곤란한 입장에 놓여져 피해나 손실 등 온갖 장애를 겪게 될 징조이다.

- **잃었던 길을 찾거나 새로운 도로가 생기는 꿈**
  새로운 기회나 여건이 조성되고 이익이 늘어날 좋은 징조이다.

- **대나무로 만든 다리를 보는 꿈**
  신변에 주거 또는 재물의 유동에 연관된 장애와 곤란을 치르게 될 징조이다.

- **다리 밑을 지나가는 꿈**
  물이 맑으면 하는 일이 형통하고 발전할 징조이다.

● 다리가 완성되어 가는 것을 보는 꿈
 상호 왕래·화합의 성취와 발전이 따르게 될 좋은 징조이다.

● 다리가 파손되거나 훼손되는 것을 보는 꿈
 신변에 구설과 장애가 발생되며 손실이 따를 징조이다.

● 다리 위에서 자기를 부르는 사람을 보는 꿈
 귀인의 협력 또는 인도를 받게 될 길한 징조이다.

● 높다랗게 걸린 다리 위를 지나가는 꿈
 장애가 타결되는 기회 또는 여건이 마련될 징조이다.

● 다리 위에서 음식을 먹는 꿈
 사업의 부진·장애 및 고난을 치르거나 큰 손실을 겪게 될 좋지 않은 징조이다.

● 다리 위에 올라가 정자나 누대가 있는 것을 보는 꿈
 모든 일에 경계와 신중을 요하는 불길한 징조이다.

● 다리가 불에 타는 것을 보는 꿈
 신변에 이권의 손상 또는 성취에 장애가 따르게 될 징조이다.

- **다리의 기둥이 훼손되는 꿈**
  사업의 부진·손실과 말썽 등의 낭패를 치르게 될 징조이다.

- **다리 위에 새떼나 짐승의 우리를 보는 꿈**
  신변에 구설·말썽·장애·손실 등을 치르게 될 징조이다.

- **우물 한가운데 앉아 있는 꿈**
  경쟁·소송에서 패배하고 추진하는 일은 피해가 발생하게 될 징조이다.

- **우물 속으로 굴러 떨어지는 꿈**
  집안에 재난이 발생하여 피해를 겪게 될 징조이다.

- **평탄한 도로가 멀리 보이는 꿈**
  하는 일의 순조로운 목표 달성과 재물 이권 등이 늘어날 징조이다.

- **우물 속에서 스스로 뛰거나 달려 밖으로 나오는 꿈**
  신변에 이익이나 권리가 크게 늘어날 징조이다.

- **우물 한가운데에 사람이 있는 꿈**
  오랫동안 만나지 못한 손님이나 소식이 오게 될 징조이다.

- **우물 한가운데서 불길이 일어나는 꿈**
  하는 일의 지연 등으로 장애 또는 손실이 따르게 될 징조이다.

- **우물 한가운데 바닥에 드러눕는 꿈**
  재난에 휩쓸리든가 심할 경우 사망하게 될 불길한 징조이다.

- **우물이 폐쇄되어 사용치 못하게 되는 꿈**
  사업의 낭패·분산 등 재난과 피해가 따를 징조이다.

- **샘물이 먹을 수 없을 만큼 버려져 있는 꿈**
  장차 신변에 고난과 장애를 겪게 될 징조이다.

- **우물을 고치거나 샘물을 청소하는 꿈**
  사업이 흥성하고 원만한 목표 달성을 얻을 징조이다.

- **논밭이 가뭄으로 메말라 있는 꿈**
  장차 풍성한 수확과 이득을 거두게 될 길한 징조이다.

● **자기 논밭에 씨앗을 파종하는 꿈**
 사업이 풍성해지고 점차 재물이 늘어나는 충실함을 얻게 될 징조이다.

● **논밭이 큰물에 잠겨 있는 꿈**
 신변에 말썽·손실 등 고난이 따르게 될 징조이다.

● **다른 사람의 논밭에 씨앗을 파종하거나 곡식을 가꾸는 꿈**
 재물이나 권리가 점차 늘어나게 될 길한 징조이다.

● **논밭 한가운데에서 우물을 파는 꿈**
 자신이 추진하는 사업이 번성과 발전을 이루게 될 좋은 징조이다.

● **논밭 한가운데 천막이나 차일을 치고 드러누워 있는 꿈**
 신변에 변동·투자 등을 신중해야 이로울 징조이다.

● **논밭 한가운데에서 사냥하는 꿈**
 장차 장애를 치르게 될 불길한 징조이다.

● **논밭을 일구어 금은 보석 등을 얻는 꿈**
 하는 일에 원만한 목표 성취와 이익이 따를 징조이다.

- **논밭을 경작하면서 책을 읽는 꿈**
  명예와 이익이 번창하고 부귀, 영달이 따르게 될 징조이다.

- **채소밭에 씨앗을 파종하는 꿈**
  가까운 시일 내에 만남에 연관된 일이 발생하게 될 징조이다.

- **정원에서 하늘에 떠 있는 달을 감상하는 꿈**
  새댁과 부녀자는 장차 총명한 자녀를 잉태할 태몽이다.

- **샘물이 높이 치솟아 오르는 꿈**
  승진·영전·발탁 등 입신, 영달이 따르게 될 징조이다.

- **정원에 있는 정자나 누대를 단장하거나 보수하는 꿈**
  새로운 기회가 조성되고 점차 번창하는 부귀가 따르게 될 징조이다.

- **하늘에 올라 정원이나 동산에서 노니는 꿈**
  사업의 번성을 누리게 되며, 부녀자는 장차 배우자가 부귀하게 될 징조이다.

- **뒤뜰에서 그네를 뛰는 꿈**

여자는 훌륭한 배우자를 만나고 즐거움을 누리게 될 징조이다.

● **뒤뜰의 연못에 배를 띄우고 즐기는 꿈**
장차 하는 일에 손실이 찾아올 징조이다.

● **정원에 만든 산 위에 올라가는 꿈**
신변에 장애 또는 손실이 따르게 될 징조이다.

● **뒤뜰이 황폐해지거나 정원의 문 또는 담장이 무너지는 꿈**
사업이 점차 쇠퇴하고 장애와 곤고를 치르게 될 징조이다.

● **정원에 화초가 활짝 피었거나 꽃잎이 비에 젖어 흩어지는 꿈**
신변에 상호 교제·회합 등이 무산되는 갈등·풍파를 겪게 될 징조이다.

● **정원에서 연회나 오락을 즐기는 꿈**
가까이 지내던 사람과의 반목 내지 분산 및 우환이 있을 징조이다.

● **새로 만든 무덤이나 묘지 주위를 단정하게 정돈하는 꿈**
신변에 모든 걱정과 손실 등에 연관된 피해가 순조로이 사라질 징조이다.

- **무덤에 묻힌 사람이 일어나 밖으로 나오는 꿈**
  지금 추진중인 사업의 발전과 도약의 성취 등을 얻게 될 징조이다.

- **무덤에 제사를 지내고 무덤을 청소하는 꿈**
  명성이 점차 늘어나는 기쁨을 누리게 될 징조이다.

- **무덤이 물에 잠기거나 물 위에 둥둥 떠다니는 것을 보는 꿈**
  투쟁 및 시기·모함·원한에 얽힌 피해를 겪게 될 징조이다.

- **무덤 한가운데서 서광 또는 구름이 뭉게뭉게 피어오르는 꿈**
  사업이 점차 번성하며 부귀, 영달하는 자손이 태어나게 될 징조이다.

- **높은 산 위에 묘를 꾸미는 꿈**
  고난과 장애를 겪으며 필요 외의 낭비를 치르는 일이 흔하다.

- **분묘 가운데서 옷이나 관대를 얻는 꿈**
  소득 또는 권리가 번창하는 등 부귀와 영달이 따르게 될 징조이다.

- **과일이 탐스럽게 열려 있는 정원이나 과수원 안을 들어가는 꿈**
  사업의 발전이 따르고 부녀자는 자녀를 잉태하게 될 태몽이다.

- **무덤을 파고 돈이나 금은 보석 또는 골동품 등을 얻는 꿈**
  조상의 일에 관련된 일이 발생하게 될 징조이다.

- **무덤의 안이 밝고 깨끗하며 단정하게 정돈되어 있는 꿈**
  모든 일이 원만한 성취를 이루게 되고 영달이 따를 징조이다.

- **무덤이 훼손 또는 붕괴·오염·소실된 것을 보는 꿈**
  사업의 파탄·재물의 손실 등 풍파가 발생하게 될 징조이다.

- **무덤에 떼를 입히고 보수하거나 정돈하는 꿈**
  곤신변에 질병·우환이 사라지는 이로움이 따르게 될 징조이다.

- **묘지를 조성하다가 도중에 그만두는 꿈**
  하는 일의 중도 좌절 등 장애와 낭패가 따를 징조이다.

● **무덤을 이장하는 꿈**
 장차 신변에 번영의 향상을 얻게 될 징조이다.

● **변방에서 적을 감시하는 꿈**
 명예나 권리·지위가 상승하는 영예로움을 얻게 될 징조이다.

● **관문을 통과하여 밖으로 나가는 꿈**
 신변에 점차적으로 입지와 권한이 늘어나고 영화가 따르게 될 징조이다.

● **요새나 관문의 대문이 활짝 열려 있는 꿈**
 사업의 발전과 신변에 형통함이 따를 징조이다.

● **변방의 요새나 성채 위에서 즐기는 꿈**
 신변에 명예 또는 지위가 향상되는 등 부귀와 복록이 풍부해질 징조이다.

● **관문이나 요새의 관리가 노략질을 징벌하는 것을 보는 꿈**
 피해를 입거나 시비·투쟁 등 말썽과 손실이 발생될 징조이다.

● **교외의 큰 제단이나 국가의 신을 모시는 사당에 들어가는 꿈**

장차 크게 발전·번성하는 부귀와 영화가 따르게 될 징조이다.

● **선조의 사당이 훼손 또는 폐쇄·불타는 꿈**
사업의 파탄·풍파 등으로 인명의 손실이 발생하기 쉬울 징조이다.

● **사당 안에서 선조를 만나는 꿈**
조상과 만나 기쁘면 길몽이고, 슬프고 노여워하면 흉몽이다.

● **화려한 절을 보는 꿈**
신변에 안정과 발전이 따르고 풍족한 번성을 얻게 될 징조이다.

● **절의 대웅전에 들어가 절하는 꿈**
자신이 희망하는 일을 계속해서 밀고 나가면 큰 번성을 누릴 징조이다.

● **절·교회 등의 진입이 저지 또는 차단·추방되는 꿈**
진행하는 일에 장차 재난과 액화 및 손실을 치르게 될 징조이다.

- **무덤 위에 나무가 자라나 꽃이 피는 꿈**
  재물이 번창하며 임산부는 귀한 자녀를 출산하게 될 태몽이다.

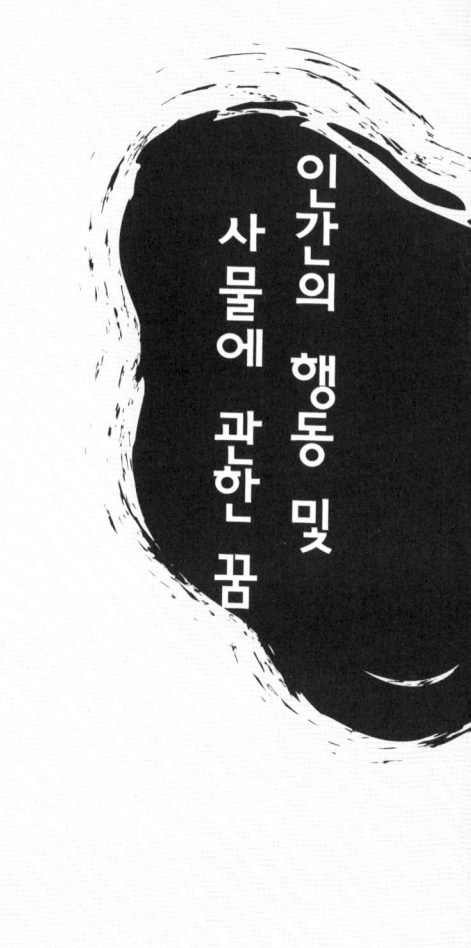

인간의 행동 및
사물에 관한 꿈

- **하늘에서 자손을 점지해 내려주는 꿈**
  장래 훌륭하게 될 자손을 얻게 될 태몽이다.

- **죽은 사람이 산으로 올라가는 꿈**
  저승에서 죽은 사람의 지위가 점차 상승하는 조짐이다.

- **죽은 사람이 물에 빠진 꿈**
  죽은 사람이 환난의 수렁이 빠졌음을 가리키는 징조이다.

- **친척이 찾아와서 집을 구하는 꿈**
  장차 가정이나 주거 관계가 몹시 불길할 징조이다.

- **살아 있는 사람이 고용자에게 팔리는 꿈**
  하는 일의 좌절, 낭패 등 장애와 신변에 애로가 따를 좋지 않은 징조이다.

- **살아 있는 사람이 갑자기 죽은 것을 보는 꿈**
  학자는 장차 관직에 오르고, 상인은 재물을 얻고, 환자는 질병이 쾌유될 징조이다.

- **사람이 죽었는데 관에서 없어지거나 파괴 · 오손되는 꿈**
  장차 신변에 흉액과 낭패가 따를 징조이다.

- **시체나 유골이 파손되거나 사방에 흩어진 꿈**
  장차 신변에 혼란과 낭패 등 액화가 발생될 징조이다.

- **남이 사람이 죽었음을 알려주는 꿈**
  관리나 학자는 지위와 명예가 차츰 향상될 길한 징조이다.

- **친척이나 친구가 죽은 꿈**
  부모 형제가 질병과 손실·말썽 등 낭패를 겪게 될 징조이다.

- **죽은 사람을 만나는 꿈**
  근심·번민·말썽·손실 등 장애가 발생할 징조이다.

- **죽은 사람의 몸을 손으로 만지거나 희롱하는 꿈**
  신변에 이별과 말썽·손실 등 낭패가 빚어질 징조이다.

- **죽은 사람이 벼슬하는 꿈**
  죽은 사람이 저승에서 신분이 올라감을 의미한다.

- **불에 타 죽은 사람의 시체가 악취를 풍기는 꿈**
  장차 신변에 힘겨운 고난이나 온갖 장애가 따를 좋지 않은 징조이다.

- **꿈속에 만난 사람이 누군가가 갑자기 죽었다고 말하는 꿈**
  자신의 수명이 길어질 좋은 징조이다.

- **죽은 사람에게 살해되거나 두들겨 맞는 꿈**
  장차 신변에 원귀의 보복을 받을 징조이다.

- **사람을 때려도 아픔을 느끼지 않는 꿈**
  하는 일의 목적을 달성하지 못할 좋지 않은 징조이다.

- **저승에 끌려가 염라대왕이 질책하는 꿈**
  장차 신변에 재난과 액화를 겪게 될 징조이다.

- **사람을 죽이는 꿈**
  피가 흐르면 이익과 권리를 얻고, 피가 흐르지 않으면 불길한 징조이다.

- **서로 싸워서 양쪽 모두 상대방을 죽인 꿈**
  신변에 장차 재물이나 권리를 얻게 될 징조이다.

- **상대방을 공격해도 헛손질만 하는 꿈**
  장차 자신으로부터 재난과 액화가 사라질 징조이다.

- **남과 실력을 경쟁하는 꿈**

힘써 노력하면 다툼 또는 경쟁에서 명예를 얻게 될 징조
이다.

- **기마부대가 선두에 출발하는 대열을 보는 꿈**
  장차 신변에 장애·손실이 찾아올 징조이다.

- **군마들이 돌아서는 꿈**
  장차 질병과 우환 등 재액이 사라질 징조이다.

- **부대가 말을 타고 입성하는 꿈**
  장차 복록과 권리 및 이익이 늘어날 좋은 징조이다.

- **장수와 병사들이 대열을 지어 행군하는 꿈**
  장차 번성과 영예 등 발전을 얻게 될 행운이 찾아온다.

- **전투에서 패전했을 때 구원병이 도착하는 꿈**
  장차 고난을 극복하고 유익함을 얻게 될 징조이다.

- **진을 펼치고 적을 맞을 준비를 하는 꿈**
  하는 일의 목표를 달성하고 업적이 높아질 좋은 징조이다.

- **활·창·칼 등이 보이는 꿈**
  공적과 명예가 증대되고 추천에 연관된 유익을 얻게 될

징조이다.

● **활과 화살을 몸에 지니고 있는 꿈**
  장차 권위와 영향력의 상승을 얻게 될 좋은 징조이다.

● **남이 사람을 죽이는 꿈**
  신변에 물질이나 금전의 이익 및 외부로부터 소식이 오게 될 징조이다.

● **활과 화살을 전대에 보관하는 꿈**
  장차 안정과 평온이 따를 행운이 찾아올 징조이다.

● **창과 작살 등이 보이는 꿈**
  신변에 말썽이나 다툼·장애·손실 등 재액이 발생하게 될 징조이다.

● **황금이나 보검을 얻는 꿈**
  장래 부귀, 영화를 누리게 되는 행운이 찾아온다.

● **창이나 작살 등을 몸에 지니고 있는 꿈**
  친구나 사람을 찾거나 기다릴 일이 있게 될 징조이다.

- **어린아이가 칼을 잡고 있는 꿈**
  장차 말썽이 발생하여 장애를 치르게 될 징조이다.

- **큰 칼을 가지고 칼춤을 추는 꿈**
  신변에 경쟁이나 이해 다툼이 발생될 좋지 않은 징조이다.

- **칼을 만들거나 칼날을 가는 꿈**
  자신의 신변을 점검해야 장차 유익을 얻을 수 있다.

- **칼집 속에 칼을 넣는 꿈**
  장차 신변에 재액과 손실 등이 사라질 징조이다.

- **칼을 만들거나 점포에 칼이 진열된 꿈**
  장차 재물 및 이권을 얻게 될 행운이 찾아올 징조이다.

- **칼이나 도끼 등으로 서로 죽이면서 피를 흘리지 않는 꿈**
  장차 신변에 재난이 발생하게 될 불길한 징조이다.

- **상대를 칼이나 도끼를 가지고 공격하는 꿈**
  장차 신변에 재물의 손실·무력 등 장애를 치르게 될 불길한 징조이다.

- **길에 칼이 가로놓여 있는 꿈**

출입·변동에 따른 위험이나 신변에 손실이 따르게 될 불길한 징조이다.

● 입에 칼을 물고 있는 꿈
  신변에 금전상의 이익이 생길 대길한 징조이다.

● 남에게 창이나 칼에 찔려 피를 흘리는 꿈
  하는 일에 이익이나 권리가 생길 좋은 징조이다.

● 단도나 비수를 든 사람이 주위에 있는 꿈
  남으로부터 모함·음해 등을 항상 경계해야 된다.

● 총포나 탄약 등을 집 밖에 설치하는 꿈
  남에게 축하받을 일이 생길 좋은 징조이다.

● 칼날을 부딪히며 싸우는 꿈
  하는 일에 발전이 찾아올 길몽이다.

● 큰 칼을 뽑아드는 꿈
  하는 일에 결단과 연관된 일이 찾아올 좋은 징조이다. 칼을 줍거나 누구에게 받는 꿈도 마찬가지다.

- **남에게 활이나 창·칼·총포 등을 쏘거나 던지는 꿈**
  신변에 변동 등에 연관된 이로움이 생길 징조이다.

- **상을 당해 장례를 치르는 꿈**
  명예와 재물이 번성하고 평소 소망한 일을 얻게 될 징조이다.

- **문상을 가서 관을 어루만지며 통곡하는 꿈**
  재물에 관련된 이익이나 성취를 얻게 될 상서로운 징조이다.

- **부모·처자나 남편의 상여를 따라 장지로 가는 꿈**
  재물이 흩어지고 패가·좌절·낭패 등이 올 징조이다.

- **시체가 든 관에 못이나 징을 박는 꿈**
  장차 재앙 및 환난 등 낭패를 겪게 될 징조이다.

- **장례 행렬을 전송하는 꿈**
  주변에 재난과 액화가 사라지고 번창이 따르게 될 징조이다.

- **나무를 잘라 관을 만드는 꿈**
  장차 명예나 벼슬이 높아질 길한 징조이다.

- **관을 만들다 부서지거나 훼손되는 꿈**
  장차 재난 손실 등 낭패가 발생하게 될 불길한 징조이다.

- **제사상을 구입하는 꿈**
  사업이 성공하여 자손이 부귀를 누리게 되고 질병이 사라질 징조이다.

- **죽은 사람이 기물을 내어주는 꿈**
  장차 신령의 가호를 받게 될 상서로운 조짐이다.

- **임금이 기물을 내어주는 꿈**
  장차 지위가 향상되고 입신, 영화를 누릴 길한 징조이다.

- **부모가 기물을 내어주는 꿈**
  하는 일에 혜택·이윤 등의 발전을 얻게 될 징조이다.

- **형제에게 기물을 내어주는 꿈**
  동기간에 협동·조력하는 일이 발생하게 될 징조이다.

- **똥이나 비료를 남이 자기에게 내어주는 꿈**
  장차 신변에 재물과 이권이 늘어날 좋은 징조이다.

- **붓이나 먹·벼루 등이 보이는 꿈**

자신의 업적·공로 등의 향상, 발전이 생길 좋은 징조이다.

● 관복이나 관모를 내어주는 꿈
장차 명예나 직위에 연관된 일이 생길 좋은 징조이다.

● 꽃이나 과일을 남이 자기에게 내어주는 꿈
장차 부녀자나 새댁은 출산·잉태의 징조이다.

● 향로·촛대·화병 등을 가지는 꿈
사업이 점차 번성하고 하는 일이 발전하는 기쁨을 얻게 될 징조이다.

● 불경이나 성경 등을 내어주는 꿈
심신을 수양하는 기회를 만나게 될 좋은 징조이다.

● 신이 타인에게 구슬을 내어주는 꿈
신변에 장차 슬피 울 일이 찾아올 불길한 징조이다.

● 타인이 자기에게 싱싱한 채소를 내어주는 꿈
장차 신변에 재물과 이권이 풍성해질 행운이 찾아올 좋은 징조이다.

- **해충이나 쥐를 타인이 자기에게 내어주는 꿈**
  사업이 쇠하고 재물이 흩어지며 낭패가 발생할 징조이다.

- **새의 날개나 짐승의 털을 남이 자기에게 내어주는 꿈**
  옷을 새로 구입하거나 바꾸는 일이 발생될 징조이다.

- **수염이나 모발을 내어주는 꿈**
  큰 목적이나 추진하는 일의 성취를 이루게 될 징조이다.

- **화려한 비단옷을 남이 자기에게 내어주는 꿈**
  장래 부모의 상복을 입는 슬픈 일이 찾아올 징조이다.

- **계약 증명·문건 등을 내어주는 꿈**
  상거래에 관련된 목표 달성을 얻게 될 길한 징조이다.

- **책·자료·문방용품 등의 훼손·탈취·회수·제거 등의 꿈**
  하는 일의 좌절·낙망·실패 등 낭패가 따르게 될 불길한 징조이다.

- **꽃이나 과일을 빼앗기는 꿈**
  장차 자식들에게 흉액과 재난이 닥치게 될 징조이다.

- **군용품을 가져가는 꿈**

말썽과 시비 등 액화가 사라지고 안정을 누릴 징조이다.

● **남의 부녀자나 여종업원과 싸우는 꿈**
 장차 금전상의 장애를 겪게 될 징조이다.

● **여자가 남편을 찾으러 헤매이는 꿈**
 장차 남편에게 불행한 일이 찾아오거나 재난이 닥치게 될 불길한 징조이다.

● **아내가 외간 남자와 동행하거나 같은 좌석에 앉아 있는 꿈**
 신변에 엉뚱한 행동이 빚어지거나 혼란과 갈등을 겪게 될 징조이다.

● **여자가 남자와 싸우며 욕하는 꿈**
 장차 남으로부터 인간 관계의 협력을 얻게 될 징조이다.

● **남자의 모습이 위풍이 있으며 특이한 모습인 꿈**
 장차 훌륭한 자손이 태어나게 될 길한 징조이다.

● **거북이나 자라를 내어주는 꿈**
 수명이 길어지게 되고 장차 총명한 자손이 태어날 좋은 징조이다.

- **부인과 함께 길을 가는 꿈**
  하는 일의 손실 및 재물의 쇠퇴와 불이익이 발생할 징조이다.

- **남자의 몸이 갑자기 여자로 변한 꿈**
  경쟁·소송에서의 실패와 재난·질병 등에 부딪히게 될 징조이다.

- **여자와 함께 음모를 꾸미거나 요사한 일을 도모하는 꿈**
  하는 일에 재난과 손실이 발생하게 될 불길한 징조이다.

- **여자가 하늘의 별이나 구름 등을 관찰하는 것을 보는 꿈**
  뜻하지 않은 불행한 일 또는 낭패가 발생하게 될 징조이다.

- **흰 눈썹과 머리털을 가진 단정한 노인을 보는 꿈**
  심신이 강건하며 장차 재물과 이익이 풍성해질 징조이다.

- **갑자기 자신의 몸이 노인으로 변하는 꿈**
  어린이에게는 흉몽이며, 중년·노년의 남자는 수명이 길어질 징조이다.

- **자신의 몸이 갑자기 어린아이로 변하는 꿈**
  사업과 재물이 점점 흩어지고 하는 일에 장애와 손실이

따를 징조이다.

● **아내를 맞아들이는 꿈**
새로운 친구와 거래하는 등 발전·성취가 따를 징조이다.

● **어떤 사람이 나서서 자신을 아내로 맞이한다는 꿈**
장차 신변에 죽음 등 큰 낭패 등이 발생하게 될 징조이다.

● **자신이 남을 위해 중매를 서거나 교제를 주선하는 꿈**
남과 만남에 연관된 일이 발생하게 될 징조이다.

● **혼인 행렬을 배웅하거나 돌아오는 것을 마중하는 꿈**
여자에게는 이롭고 남자에게는 몹시 불길한 징조이다.

● **혼인 관계로 경사를 치르는 꿈**
인간 관계의 만남, 승진·영전과 명예의 상승을 얻게 될 징조이다.

● **남편이 첩을 맞아들이는 꿈**
집안에 불화·갈등 및 반목·투쟁 등이 발생될 징조이다.

● **종업원이나 하인·노비 등을 배우자로 맞이하는 꿈**
하는 일에 재난과 풍파 및 손실이 발생될 흉한 징조이다.

- **소실이 정실 부인이 되는 꿈**
 신변에 보잘것없는 일로 큰 이득이나 성취를 얻게 될 좋은 징조이다.

- **정실 부인이 첩이나 소실 노릇을 하는 꿈**
 여자 관계로 인하여 신경을 쓸 일이 찾아올 징조이다.

- **난쟁이를 보는 꿈**
 신변에 손실과 장애 또는 남의 웃음거리가 될 수치를 겪게 될 징조이다.

- **아내나 첩 등을 남에게 팔거나 넘기는 꿈**
 사업이 기울고 재물과 사람이 흩어지며 곤고가 따르게 될 징조이다.

- **태어난 아기를 품에 끌어안는 꿈**
 사업이 점차 번창하고 풍요를 얻게 될 징조이다.

- **처녀가 사생아를 출산하거나 아기가 아기를 낳는 꿈**
 재난이나 말썽·손실·구설 등으로 장애를 치르게 될 좋지 않은 징조이다.

- **한 번의 출산에 여러 명의 아기가 태어나는 꿈**
  신변에 구설·시비·손실 및 곤란을 치르게 될 징조이다.

- **부모가 어린애를 낳거나 임신하는 꿈**
  사업이 부진해지고 손실·낭패 등 재난이 따르게 될 징조이다.

- **악수나 포옹 및 인사를 나누는 꿈**
  개혁·변경의 조짐이 찾아올 징조이다.

- **장거리 여행을 하는 꿈**
  하는 일에 연관된 많은 이익과 풍성한 수확을 거두게 될 길한 징조이다.

- **큰길에서 알몸으로 돌아다니는 꿈**
  영예를 세상에 널리 떨치게 되며, 부귀·양명·입신의 대길한 징조이다.

- **남녀의 벌거벗은 모습을 보는 꿈**
  장차 이익과 명성이 높아지는 성과를 얻게 될 징조이다.

- **몸을 씻는 꿈**
  근심과 장애가 차츰 사라지고 발전을 얻게 될 징조이다.

● **큰 소리로 남을 비웃고 깔보는 꿈**
 장차 신변에 기분 좋은 일이 생길 징조이다.

● **어떤 것을 감상하면서 감탄하는 꿈**
 머지 않아 이익과 권리가 늘어날 좋은 징조이다.

● **통곡하거나 슬피 우는 꿈**
 신변에 크게 즐거울 일이 생길 징조이다.

● **눈물을 흘리면서 어디론가 걷거나 달려가는 꿈**
 장차 신변에 사망·재난·슬픔 등 낭패가 찾아오게 될 불길한 징조이다.

● **악기를 연주하며 사람을 맞이하는 꿈**
 찾아온 사람에게 부귀, 현달이 따르게 될 징조이다.

● **아내가 임신을 하거나 태기를 받는 꿈**
 신변에 재물과 이권이 생기거나 장차 하는 일에 소득이 풍성해질 징조이다.

● **손님이 음식을 먹는 꿈**
 슬픈 일이나 속상한 일이 발생하게 될 불길한 징조이다.

- 귀한 사람이 자기를 영접하여 높은 데로 올라가는 꿈
  장차 번성, 복록이 따르게 될 길한 징조이다.

- 죽은 사람이 살아 있는 사람을 영접한다든가 생존자끼리 각자 흩어지는 꿈
  신변에 이별·분산이나 불화·반목 등 낭패가 발생하게 될 불길한 징조이다.

- 배낭이나 등짐을 짊어진 사람을 배웅하는 꿈
  하는 일에 온갖 장애나 손실이 빚어질 불길한 징조이다.

- 여자가 소리쳐 부르는 꿈
  신변에 질병과 손실이 따르고 재액이 발생하게 될 징조이다.

- 귀한 여자가 부르는 꿈
  신변에 질병 또는 우환을 치르게 될 불길한 징조이다.

- 낯모르는 사람을 꾸짖는 꿈
  타인으로부터 모욕 또는 재액이 생길 좋지 않은 징조이다.

- 부모 형제를 꾸짖는 꿈
  집안에 우환이 발생하여 손해를 겪게 될 징조이다.

- **서로 꾸짖는 소리를 듣거나 문을 열고 바라보는 꿈**
  주변 사람과 친족이나 친구와 연관된 일이 생길 징조이다.

- **조상으로부터 꾸짖음을 받는 꿈**
  하는 일에 착오나 실수가 발생될 징조이다.

- **성현으로부터 꾸짖음을 받는 꿈**
  현재 추진하고 있는 일이 원만히 성취될 징조이다.

- **자신이 귀신을 꾸짖어서 귀신이 물러가는 꿈**
  신변에 재난과 손실 등이 사라지고 낭패를 극복할 수 있게 될 징조이다.

- **원한을 보복하거나 복수하는 사람을 보는 꿈**
  갑작스런 사고・요절로 자손이 끊기고 가족이 풍비박산 될 징조이다.

- **병석에 드러누워 앓는 꿈**
  심심의 무력함과 허탈 및 장애를 겪게 될 불길한 징조이다.

- **병환중이면서 배나 수레・차량 등에 앉아 있는 꿈**
  신변에 풍파와 손실 등을 겪게 되며 하는 일에 어려움이 발생하게 될 징조이다.

- **먹은 것을 토하는 꿈**
  원만한 해결책이 찾아지고 시험·경쟁에서 대길할 징조이다.

- **서로 다투는데 말리는 사람이 없고 상대에게 맞는 꿈**
  장차 귀인의 협력이나 도움을 얻게 될 길한 징조이다.

- **몸에서 춥고 열이 나는 증상을 보이는 꿈**
  하는 일에 손실이 발생하게 될 불길한 징조이다.

- **통증이나 가려움·종기·부스럼 등을 치르는 꿈**
  가려움, 종기나 부스럼이 생길 경우는 심기가 좋지 않은 상태이다.

- **약으로 병을 치료하는 꿈**
  희망과 기회가 주어질 수 있는 여건을 얻게 될 조짐이다.

- **앓고 있던 질병이 갑자기 치유되는 꿈**
  하는 일이 형통하여 발전과 성공을 거두게 될 좋은 징조이다.

- **제사를 경건하게 받드는 꿈**
  장차 신변에 부귀, 번영과 발전을 누리게 될 징조이다.

- **친구나 이웃사람이 제사를 지내는 꿈**
  친구나 주위 사람들에게 신경을 쓸 일이 생길 징조이다.

- **남이 찾아와서 자기의 조상 무덤이나 사당에 제사를 지내는 꿈**
  장차 영화와 복록을 남이 차지하는 상황이 발생할 징조이다.

- **불경이나 성경 등을 읽고 잘못을 참회하는 꿈**
  신변에 전화위복의 계기나 여건이 찾아올 징조이다.

- **하늘에 청명제를 지내는 꿈**
  장차 가뭄으로 고난을 치르게 될 불길한 징조이다.

- **유치장이나 형무소 등의 철창 안에 수감되는 꿈**
  평소에 자신이 바라던 바라던 일들의 성취가 힘들 징조이다.

- **감옥에 갇혀 있다가 사면되어 풀려나는 꿈**
  우환과 액운이 걷히고 질병과 재난이 사라질 징조이다.

- **감옥에 갇힌 죄수들을 둘러보고 나와 자기의 일을 보는 꿈**
  자신에게 명예나 지위의 향상, 발전 등 영화로움이 찾아올 징조이다.

- **감옥의 문이 활짝 열리거나 많은 죄수들이 풀려나는 꿈**
  새로운 기회나 발전의 여건을 얻는 이로움이 따를 징조이다.

- **감옥이 스스로 파괴·손실되거나 갑자기 없어지는 꿈**
  장애나 손실 등이 사라지고 새로운 도약의 기회가 찾아올 징조이다.

- **감옥에 끌려가 갇히는 꿈**
  자신에게 장차 다가올 위험과 재앙을 철저하게 방비하라는 징조이다.

- **조사나 심문을 받는 꿈**
  장차 잘못을 저질러 피해를 겪게 될 불길한 징조이다.

- **포승·밧줄·노끈 등으로 사람들을 묶거나 때리는 꿈**
  신변에 원망·번민 등에 연관된 장애를 치르게 될 징조이다.

- **감방 속에 들어앉아 있는 꿈**
  재난이나 우환·손실 등 액화가 찾아올 좋지 않은 징조이다.

- **자신이 족쇄나 칼·수갑 등에 묶여 고문이나 조사를 받는 꿈**
  장차 질병이나 사고 등 낭패를 겪게 될 불길한 징조이다.

- **자신이 곤장이나 몽둥이·채찍 등으로 두들겨 맞는 꿈**
  타인의 협조나 구원·혜택 등 이로움이 찾아올 징조이다.

- **재판이나 소송하는 꿈**
  소송에 승소하면 이롭고, 패소하면 피해와 재액이 따르게 될 징조이다.

- **범죄자와 같이 길을 가는 꿈**
  사기·모함 및 손재와 낭패를 경계해야 될 징조이다.

- **형벌 기구들이 마당이나 큰 창고 안에 가득 차 있는 꿈**
  소송, 형벌에 관계된 일로 재물이나 이권이 발생하게 될 징조이다.

- **형틀이 대문 앞에 설치되어 있는 꿈**

명예와 이익이 점점 증가하고 임산부는 아들이 출생하게 될 징조이다.

● 하늘의 천사나 왕으로부터 사면령이 내리는 꿈
사업이 날로 번성하고 집안에 우환 및 질병이 사라질 좋은 징조이다.

● 도피를 계획했거나 실행에 옮기다가 탈출에 성공하지 못하는 꿈
장차 재난과 낭패가 사라지기 어려울 징조이다.

● 깊은 산 속이나 계곡 안으로 도피하는 꿈
하는 일이 재기가 불투명한 재난이나 낭패에 부딪힐 징조이다.

● 광야나 높은 산·절·교회 등으로 도피하는 꿈
점차 신변에 안정과 발전이 따르게 될 상서로운 징조이다.

● 도주하다가 체포되어 붙잡히는 꿈
신변에 낭패 등 액화를 겪게 될 불길한 징조이다.

● 장기나 바둑을 두는 꿈
하는 일에 변경 또는 유동이 따르게 될 징조이다.

- **투호놀이를 해서 적중시키는 꿈**
  하는 일에 목적 달성을 얻게 될 좋은 징조이다.

- **여러 가지 도박을 하는 꿈**
  신변에 말썽 및 장애·손실 등과 연관된 일이 발생될 불길한 징조이다.

- **자신이 그네를 뛰거나 허공에 있는 오락 기구에 타는 꿈**
  신변에 이동·여행 등에 연관된 일이 생길 징조이다.

- **남들이 축구하는 것을 보는 꿈**
  자녀들의 소식 또는 귀환에 연관된 일이 생길 징조이다.

- **하늘에서 쇠사슬이 내려오는 꿈**
  마침내 귀인의 도움을 얻게 되고 발전이 따르게 된다.

- **방망이로 공을 치는 꿈**
  자신에게 말썽 또는 질병과 우환이 발생될 징조이다.

- **책을 사거나 거두어 들이는 꿈**
  집안에 기쁜 일이 생기고 이권이 늘어날 길한 징조이다.

● 성루 위에서 책을 읽는 꿈
  금전의 손실 또는 도적·유실이 따르는 일을 치르게 될 징조이다.

● 책갈피를 정리하여 못으로 갈무리하는 꿈
  남녀 교제나 혼인에는 대길하나 질병에는 흉할 징조이다.

● 남에게 책을 빌려오는 꿈
  장차 재물과 이권이 풍족해질 길한 징조이다.

● 책이 부엌 한가운데 놓여 있는 꿈
  근검·성실해야 하고 경거망동을 특별히 삼가야 될 징조이다.

● 하늘에서 책이 내려오는 꿈
  귀인의 도움으로 이로움이 있고 번성과 발전이 따르게 될 징조이다.

● 달빛이 책을 비추는 꿈
  이성 교제나 혼담 관계로 기쁨을 얻게 될 길한 징조이다.

● 바람에 책이 흩날리는 꿈
  신변에 혼란이 일어나고 좌절·손실 등 낭패를 치르게

될 징조이다.

● **한낮에 태양이 책을 밝게 비추는 꿈**
사업이 번창, 융성하고 장차 귀한 아들을 얻을 징조이다.

● **땅 속에 묻힌 책을 보는 꿈**
장차 영예를 누리며 명예와 이익이 풍성할 징조이다.

● **책을 들고 산 정상을 오르는 꿈**
많은 재물을 모아 크게 성공하고 이름을 크게 떨칠 징조이다.

● **역사책을 베끼거나 연구하는 꿈**
모든 일에 발전을 성취하는 영화가 따를 좋은 징조이다.

● **촛불이나 등불을 들고 책을 읽는 꿈**
장차 신변에 이동에 연관된 이익을 얻게 될 징조이다.

● **책의 부스러기나 조각 등을 정리하는 꿈**
자신의 직업에 새로운 방향 모색에 연관된 발전이 따를 징조이다.

● **책 읽는 사람을 보는 꿈**

신변에 영예·발전 등 번성이 따를 길한 징조이다.

● **책을 불사르는 꿈**
모든 일에 낭패·불리의 장애가 따르게 될 불길한 징조이다.

● **책에서 빛이 불꽃처럼 발산되는 꿈**
재물과 이권이 늘어나 임신에는
귀한 아들을 얻을 태몽이다.

● **선반이나 책장 위에 쌓여 있던 책이 쓰러지는 꿈**
학문으로 자신의 재능을 마음껏 발휘할 기회를 얻게 될 대길한 징조이다.

● **나무 꼭대기에 놓여진 책을 얻는 꿈**
하는 일의 성취 및 이익이 점차 발생하게 되며 자식이 생길 태몽이다.

● **옥으로 만들어진 책에 쓰여진 글을 보는 꿈**
장래 귀히 될 자손이 탄생하며 여자는 남편의 출세가 있을 징조이다.

● **옷으로 책의 먼지를 떨거나 때를 지우는 꿈**

학문의 발전과 공적을 얻게 될 길한 징조이다.

● **비단옷 속에 든 책을 얻는 꿈**
신변에 명성이 점차 증진되고 입신, 현달하여 영화를 얻게 될 징조이다.

● **등에 책이나 문서를 지고 말을 타고 달리는 꿈**
이동과 연관된 일이 생기며 이득이나 재물이 풍성해질 징조이다.

● **고기를 잡아 몸체에서 글씨나 문장을 보는 꿈**
발전과 유익이 풍성해지는 영화로움을 누릴 징조이다.

● **차잎의 뒷면에 글씨가 쓰여 있는 꿈**
이성 교제에 연관된 일이나 기쁨과 영예를 얻게 될 징조이다.

● **글이나 책을 꽃 옆에 놓아둔 꿈**
하는 일에 이권의 성취나 결실이 어려운 좋지 않은 징조이다.

● **연못이나 개울에 책을 내던지는 꿈**
장차 좌절 또는 불이익 등 손실이 발생하게 될 징조이다.

- **글씨나 문장이 갑자기 보석으로 변하는 꿈**
 하는 일에 낭패가 발생하고 불이익이 발생될 징조이다.

- **돈으로 책을 사는 꿈**
 하는 일의 계획 등의 목표 성취를 얻게 될 길한 징조이다.

- **노란 종이에 쓰여진 책이나 글을 얻는 꿈**
 하는 일에 변화·출입에 연관된 이익 그리고 번성을 누리게 될 좋은 징조이다.

- **입에 글이나 책을 물고 있는 꿈**
 관공서나 상부의 명령에 따라 출입하는 일이 발생하게 될 징조이다. 여자에게는 구설이나 불화·반목 등 말썽이 야기될 징조이다.

- **배에 책을 싣고 무사히 목적지에 도착하는 꿈**
 하는 일이 순조롭게 달성하게 되고 이로움이 따를 징조이다.

- **작은 책이 다수 진열된 것을 보는 꿈**

소규모로 하는 일로 장차 풍성한 결실과 이익을 얻게 될 징조이다.

● **책이나 문서를 흙 속에 묻는 꿈**
 하는 일에 고난과 피해를 겪게 될 좋지 않은 조짐이다.

● **명패나 표찰·임명장·위촉장 등을 보는 꿈**
 신변에 시험 등에 연관된 일이 발생하게 될 징조이다.

● **증권이나 채권 및 계약 서류, 홍보 문건을 보는 꿈**
 장차 거래, 보증 등에 연관된 일이 발생하게 될 징조이다.

● **성경을 읽는 꿈**
 하는 일이 순조롭게 달성하게 될 좋은 징조이다.

● **신령의 명령으로 글을 짓는 꿈**
 장차 명성과 지위가 크게 높아지고 영화가 따르게 될 대길한 징조이다.

● **이태백의 시를 읽는 꿈**
 하는 일에 이득이 늘어나 번성이 따르나 수해 등에 주의해야 된다.

● **두보의 시를 읽는 꿈**
 하는 일에 이권이 늘어나며 남에게 칭송받을 일이 생길 징조이다.

● **노래를 부르는 꿈**
 그 꿈속에서 불렀던 노래의 내용을 참고하여 그 길흉을 판별한다.

● **다른 사람이 자기의 모습을 그리는 꿈**
 신변에 사람을 만나는 일에 관련된 일이 찾아올 징조이다.

● **부모 형제나 처자식 등의 모습을 그리는 꿈**
 장차 집안에 불상사나 액화 등 흉한 일이 발생할 징조이다.

● **명문장을 읽는 꿈**
 신변에 명성과 공적이 따르고 하는 일의 순조로운 성취가 따를 징조이다.

● **남이 자기의 성명을 묻는 꿈**
 장차 신변에 장애나 손실 등 낭패가 따르게 될 징조이다.

● **신령이 이름을 부르면서 꾸짖는 꿈**
 장차 징벌 및 우환과 재액을 겪게 될 좋지 않은 징조이다.

- **신령이나 성현의 명령에 따라 이름을 고치는 꿈**
  귀인의 도움을 입게 되며 풍성한 부귀와 영화를 얻게 될 징조이다.

- **병법에 관한 책을 얻는 꿈**
  명성과 권위가 점점 높아지고 성공을 성취하게 될 상서로운 징조이다.

- **죽은 사람이 자기의 이름을 부르는 꿈**
  죽은 사람이 살아 생전의 소망 또는 원한을 못 잊는 징조이다.

- **죽은 사람이 자기 성명을 말하고 이장을 요구하는 꿈**
  장차 집안의 우환과 재난 등 액화가 사라질 길한 징조이다.

- **글자를 골라 이름을 짓는 꿈**
  자신의 불성실에 연관된 훼손·말썽을 치를 징조이다.

- **왕이나 통치권자가 자신의 이름을 부르는 꿈**
  귀인의 도움을 받아 하는 일의 목적 달성과 이익이 풍성해질 징조이다.

- **한 사람이 두 개의 성씨나 이름을 지니는 꿈**
 직업 관계에 따른 양측의 도움이나 이로움을 누리게 될 좋은 징조이다.

- **하늘에 자신의 성명이 쓰여진 것을 보는 꿈**
 하는 일이 순조롭고 장차 부귀, 번성이 풍족해질 징조이다.

- **부처 · 보살 등 신령을 보는 꿈**
 하는 일에 발전 · 형통을 얻게 될 길한 징조이다.

- **부처나 보살의 강림을 보는 꿈**
 장차 신변에 난관이 극복되고 하는 일의 목표 달성을 얻게 될 징조이다.

- **신선 · 승려 · 도인 · 성직자 등이 집에 찾아오는 꿈**
 집안의 재앙이 사라지고 좋은 일이 찾아올 길한 징조이다.

- **대웅전에 부처나 보살이 있는 것을 보는 꿈**
 장차 장애나 손실 등 낭패가 발생하게 될 징조이다. 여자에게는 길몽이다.

- **부처 · 도인 · 성직자 등과 함께 길을 가는 꿈**
 무사히 돌아와야 좋고, 그렇지 못하면 재난과 흉험을 겪

게 될 징조이다.

● **부처 · 신령 · 승려 · 도인 · 성직자 등과 연회를 치르는 꿈**
하는 일에 재물의 손실과 낭패 등을 겪게 될 징조이다.

● **부처 · 보살이 베푸는 연회에 참석하는 꿈**
소송 등에 낭패를 겪고 재난 및 질병 등을 치르게 될 징조이다.

● **물건으로 몸을 문지르거나 감싸주는 꿈**
질병이 사라지고 잉태와 귀인의 도움을 받을 좋은 징조이다.

● **신선을 만나거나 교제하는 꿈**
장차 신변에 새로운 기회나 여건이 조성될 길한 징조이다.

● **새가 사람의 이름을 부르는 꿈**
외부에서 소식이 오며 하는 일의 목표 성취를 얻게 될 대길한 징조이다.

● **하늘의 신이 앉을 자리를 내려주는 꿈**
하는 일에 재물과 이권이 생기고 만사가 형통할 징조이다.

- **대청이나 안방에서 신령 또는 귀신들이 연회를 벌이는 꿈**
  집안에 점점 이로운 일이 생기고 모든 나쁜 일들이 사라질 징조이다.

- **신령이나 귀신을 영접하거나 끌어안는 꿈**
  집안에 출산에 관련된 일에 기쁨이 찾아오게 될 징조이다.

- **집안의 가족이 죽어서 잡귀가 된 것을 보는 꿈**
  장차 집안에 우환과 낭패가 발생할 불길한 징조이다.

- **신령이나 귀신이 집 안으로 들어오는 꿈**
  장차 신변에 재앙과 흉액이 발생하게 될 좋지 않은 징조이다.

- **신령이나 귀신과 성관계를 갖거나 배우자로 맞이하는 꿈**
  장차 신변에 재난·손실 등 낭패가 발생할 징조이다.

- **귀신으로부터 꾸짖음을 받는 꿈**
  매사 하는 일에 경계를 철저히 해야 된다.

- **신령이나 귀신이 자기를 부르는 꿈**
  장차 신변에 재난과 액화가 발생하게 될 불길한 징조이다.

- **귀신이 서로 싸우는 것을 보는 꿈**
  신변에 불길·흉험이 따르며 낭패가 발생할 징조이다.

- **염라대왕을 보는 꿈**
  장차 하는 일에 낭패가 발생하게 될 징조이다.

- **산신령을 보는 꿈**
  신변에 장차 큰 재앙과 액운이 발생하게 될 징조이다.

- **견우 직녀를 보는 꿈**
  부부나 연인간에 이별 또는 고난이 발생하게 될 징조이다.

- **하늘의 은하수를 배를 타고 건너는 꿈**
  현명한 사람으로부터 쓰임을 받아 영예와 부귀를 얻게 될 대길한 징조이다.

- **배를 타고 해나 달을 바라보는 꿈**
  장차 하는 일에 명성 및 지위가 높아지는 영화가 찾아올 좋은 징조이다.

- **배가 자기 집 마당 한가운데 떠 있는 꿈**
  장차 집안에 큰 장마로 수해가 발생하게 될 징조이다.

● 배에 타려는데 어떤 사람에게 제지를 받는 꿈
  하는 일에 곤란과 재난을 겪을 불길한 징조이다.

● 커다란 선박이 해안 언덕 위에 놓여져 있는 꿈
  장차 신변에 시비·말썽이 발생될 좋지 않은 징조이다.

● 신령이나 귀신을 만나는 꿈
  하는 일에 유익함과 발전이
  찾아올 좋은 징조이다.

● 배가 허공을 날아가는 꿈
  장차 신변에 부귀와 복록이 번성하게 될 징조이다.

● 집안 식구들과 함께 배를 타고 가는 꿈
  자신의 집에 갑작스런 변화가 발생하게 될 징조이다.

● 배를 타고 술을 마시는 꿈
  손님이 찾아오거나 먼 곳에서 소식이 오게 될 징조이다.

● 부부가 같은 배에 타고 각자 등을 돌리고 앉아 있는 꿈
  장차 이별이나 말썽·낭패 등 재액을 치르게 될 좋지 않은 징조이다.

- **큰 배의 갑판이나 선창 안에 있는 꿈**
  장차 안정을 회복하여 번성을 이루게 될 길한 징조이다.

- **배의 뱃머리가 부서지는 꿈**
  재난과 손실 등 불상사를 겪게 되고 낭패가 생길 징조이다.

- **배가 심하게 기울어지거나 뒤집히는 꿈**
  하는 일에 실패 · 손재 등이 찾아올 좋지 않은 징조이다.

- **한 척의 배가 두 척의 배로 나누어지는 꿈**
  온갖 장애가 사라지고 발전 · 융성이 따를 징조이다.

- **횃불을 가지고 배에 오르는 꿈**
  장차 하는 일에 발전과 번성을 누리게 될 길한 징조이다.

- **선박의 건조를 위해 설계하는 꿈**
  명예나 공적이 차츰 늘어나 명성이 높아질 징조이다.

- **어선을 타고 그물을 펼쳐 물고기나 자라 등을 잡는 꿈**
  장차 하는 일에 재물과 이권이 풍성해질 좋은 징조이다.

- **선박이 충돌하거나 선원들이 서로 욕하며 싸우는 꿈**
  신변에 큰 잘못을 저지르는 장애가 발생하게 될 징조이다.

- **자기와 같은 배에 탄 사람과 싸우는 꿈**
  부인이나 동지와의 반목·갈등이 빚어질 좋지 않은 징조이다.

- **배에 관을 실은 꿈**
  관리는 지위가 차츰 높아지고 학자는 명성이 높아질 징조이다.

- **배에 꽃나무나 식량 등을 싣고 오는 꿈**
  재물과 명예가 점점 늘어나고 신변에 소비와 지출이 확대될 징조이다.

- **뱃전에 수레바퀴가 매달린 꿈**
  명성이 높아지고 영전·포상의 기쁨이 따를 징조이다.

- **수레나 차를 타고 은하수를 유람하는 꿈**
  남녀 교제 형성 및 천정의 배필을 만나게 될 좋은 징조이다.

- **자신이 노를 젓는 꿈**
  앞으로 신변에 이동과 연관된 일이 생길 징조이다.

- **수레나 구름을 타고 자기 집 마당에 내려앉은 꿈**
  장차 하늘의 도움으로 복덕을 얻게 될 길한 징조이다.

- **수레나 차량들이 늘어선 꿈**
  영화와 복록이 따르고 장차 자손도 융성하고 부귀할 징조이다.

- **수레나 차가 중도에 멈춰서 움직이지 못하는 꿈**
  장차 하는 일에 낭패를 치르게 될 불길한 징조이다.

- **수레나 차량이 옆으로 나아가는 꿈**
  신변에 뜻하지 않은 손실을 경계해야 될 좋지 않은 징조이다.

- **수레나 차량이 자기의 몸무게에 짓눌려 움직이지 못하는 꿈**
  장차 신변에 액운과 재난 등 온갖 장애가 사라질 징조이다.

- **탱크 · 장갑차 등을 보는 꿈**
  재난과 불상사를 치르게 될 위험이 찾아올 조짐이다.

- **수레나 차량 위에 돋은 풀숲 한가운데 앉아 있는 꿈**
  거래 관계로 인한 이익의 증가 및 부녀자는 아들을 얻게 될 태몽이다.

- **자기 손으로 수레를 만드는 꿈**
  하는 일에 소원 성취와 만사 형통이 따를 길한 징조이다.

- **수레바퀴를 만드는 꿈**
  하는 일이 바쁘게 돌아가게 될 징조이다.

- **왕이 타는 수레나 차를 함께 타고 가는 꿈**
  하는 일에 발전과 번성·영달을 얻게 될 징조이다.

- **수레나 차량들이 포개져 실려 있는 꿈**
  이로움은 더해지고 철저한 경계 및 신중을 요하는 징조이다.

- **수레나 차량이 대문 안에 놓여 있는 꿈**
  멀리서 소식이 오거나 사람이 찾아올 징조이다.

- **환자가 가마를 타는 꿈**
  노쇠한 사람은 장차 액화를 겪게 될 좋지 못한 징조이다.

- **가마를 타고 성 안으로 들어가는 꿈**
  사업이 날로 번창하고 순조롭게 발전할 징조이다.

- **가마가 대문을 나서는 꿈**

장차 신변에 이별 등에 연관된 일이 발생할 징조이다.

● **두 사람이 가마 안에 함께 앉아 있는 꿈**
자신에게 변화와 유동이 발생하게 될 징조이다.

● **가마를 타고 구름 위에 올라가는 꿈**
명성과 지위가 점점 높아지고 소원 성취가 따를 징조이다.

● **가마를 타고 산으로 올라가는 꿈**
사람과의 교제에 따른 만남이 있게 될 징조이다.

● **수레나 차량을 타고 계곡을 돌아다니는 꿈**
신변에 소득 없는 인과 관계로 바쁜 일이 생길 징조이다.

● **가마가 파괴·훼손되는 꿈**
일의 낭패 및 집안에 좋지 않은 일이 발생할 징조이다.

● **가마를 메고 길을 나서는 꿈**
신변에 거래처나 친구 등 교제하는 사람이 점점 늘어나게 될 징조이다.

- **두 개의 가마가 함께 어울려 길을 가는 꿈**
  장차 신변에 좋은 친구를 만나게 될 징조이다.

- **가마 한가운데 서 있는 꿈**
  장차 유동과 연관된 일이 찾아올 징조이다.

- **가마 한가운데 샘이 보이는 꿈**
  상거래 및 출납 등에 이익을 얻게 될 좋은 징조이다.

- **붓·벼루·종이·먹 등을 얻는 꿈**
  학문과 명예가 증진되고 소원의 성취를 얻게 될 좋은 징조이다.

- **붓이나 펜을 사는 꿈**
  대부분 소식·서류·약정 등에 연관된 일이 생길 징조이다.

- **붓이나 펜에서 빛이 나고 꽃이 피고 아름다운 무늬가 있는 꿈**
  학문의 공적을 이루는 계기를 얻게 될 좋은 징조이다.

- **금은 주옥 등으로 만들어진 벼루를 얻는 꿈**
  재물과 명예의 번성 또는 하는 일에 이득이 늘어날 징조이다.

● **벼루를 만드는 꿈**
 토지나 건물 또는 재산, 권리 등 이익이 늘어날 징조이다.

● **중요한 편지나 서류 등을 잃어버리는 꿈**
 집안에 낭패 및 신상에 여러 가지 손실 등이 발생하게 될 불길한 징조이다.

● **흙 속에서 먹을 것을 얻는 꿈**
 장차 재물이나 이권이 늘어날 좋은 징조이다.

● **남으로부터 필통 · 붓걸이 · 필기구 보관함 등을 얻는 꿈**
 하는 일에 발전과 번영을 얻게 될 징조이다.

● **필통 · 붓걸이 · 필기구 등을 남에게 빼앗기는 꿈**
 사물의 이익 또는 말썽에 부딪히는 피해를 입을 징조이다.

● **옥가루를 얻는 꿈**
 명망이 점차 높아지고 장차 부귀와 번성이 따를 징조이다.

● **부패한 흙가루나 돌가루를 가지는 꿈**
 신변에 형벌에 관련된 손실이 발생하게 될 징조이다.

● **걸상 · 의자 등이 도로 한가운데 놓여 있는 꿈**

장차 신변에 축하나 복을 비는 일이 생길 징조이다.

● 벼루를 얻는 꿈
  신변에 견문과 지식이 풍부해질
  징조이다.

● 의자나 걸상에 편히 앉거나 드러눕는 꿈
  장차 심신이 평안하고 강녕의 조짐이 생길 징조이다.

● 탁자·안석·담요·이불 등을 구입하는 꿈
  장차 신변에 부탁·기대 등에 연관된 일이 찾아올 징조이다.

● 비단으로 된 요·이불을 덮고 높은 베개를 베고 누워 있는 꿈
  점차 안정과 발전을 누리게 되고, 자손의 출생 또는 좋은 만남이 따를 징조이다.

● 붉은 비단을 덮고 잠을 자는 꿈
  집안에 기쁜 일이 생기고 장차 영화와 융성이 따를 징조이다.

● 호랑이 가죽으로 된 담요를 얻는 꿈
  신변에 장차 큰 낭패 등 재난이 생길 징조이다.

● **담요나 방석 등을 신령이나 성인으로부터 받는 꿈**
자손의 번창 및 입신, 현달을 누리게 될 길한 징조이다.

● **돗자리나 방석·깔개 등을 남과 바꾸는 꿈**
장차 자신에게 이동에 관련된 일이 생길 징조이다.

● **커다란 구슬로 된 주렴이 높다랗게 걸쳐진 것을 보는 꿈**
장차 귀한 사람을 만나게 될 좋은 징조이다.

● **푸른 누각에 주렴이 드리워져 있는 꿈**
신변에 유람·만남 등에 연관된 일이 생길 징조이다.

● **주렴이나 커튼·휘장을 바람이 흔드는 꿈**
신변에 말썽·손실 등 장애가 빚어질 징조이다.

● **주렴·휘장을 없애고 창문을 열어젖히는 꿈**
신변에 정돈·불리 단계를 거치게 될 징조이다.

● **주렴이나 커튼 등을 거두고 남을 맞이하는 꿈**
하는 일에 매사 양보의 자세를 취함이 유익할 징조이다.

● **모란이나 연꽃이 새겨진 휘장이나 커튼을 드리우는 꿈**

장차 번성과 부귀, 영달을 얻게 될 징조이다.

● **커튼 안에 등불이 빛을 내는 꿈**
신변에 재물과 이권이 점차 풍성해지며 귀한 자식을 얻게 될 태몽이다.

● **휘장이나 커튼이 하늘을 모두 가리우는 꿈**
장차 신변에 재난·손실 등 액화를 겪게 될 징조이다.

● **휘장이나 커튼 뒤로 몰래 엿보는 꿈**
장차 신변에 좋지 않은 일이 찾아올 징조이다.

● **커다란 장막이 하늘로부터 내려오거나 땅에서 솟아오르는 꿈**
장차 입신, 출세할 귀한 아들이 태어날 태몽이다.

● **탁자나 안석 아래에 새가 엎드려 있는 꿈**
하는 일에 번창의 기쁨을 누리게 될 행운이 찾아온다.

● **병풍이나 장막, 가리개 등을 둘러치는 꿈**
신변에 비밀 등에 연관된 일이 발생하게 될 징조이다.

- **병풍이나 장막, 가리개 등을 잃어버리는 꿈**
  가을철에 장애와 말썽이 발생될 좋지 않은 징조이다.

- **상아로 장식된 책상이나 침대를 얻는 꿈**
  신변에 해결하기 난감한 재액과 장애를 겪게 될 징조이다.

- **자단나무로 된 침대나 책상을 얻는 꿈**
  자신에게 빼어난 참모 등 귀인을 만나는 행운이 찾아온다.

- **옥으로 만들어진 침상이나 책상을 보는 꿈**
  장차 존귀한 인물과 만나게 될 길한 징조이다.

- **칠보로 된 침대나 책상을 갖는 꿈**
  하는 일이 목적 달성의 어려움과 낭패가 따를 징조이다.

- **등나무로 된 침대나 책상을 사용하는 꿈**
  미혼자는 천정배필을 만나고 독신자는 배필을 만나지 못할 징조이다.

- **대나무로 된 침대나 책상을 사용하는 꿈**
  장차 고행 · 적막의 장애를 겪게 될 불길한 징조이다.

- **통풍이 잘 되는 침대를 얻는 꿈**

자신이 한가롭게 즐거운 여가를 즐기게 될 징조이다.

● **돌침대나 책상을 얻는 꿈**
장차 자신에게 재액이 찾아올 불길한 징조이다.

● **침대나 책상이 파괴되는 꿈**
장차 집안에 액화가 발생하게 될 좋지 않은 징조이다.

● **침상이나 책상 한가운데서 불길이 솟는 꿈**
신변에 발전 · 번창을 얻게 될 좋은 징조이다.

● **어떤 사람이 침상이나 책상을 옮기라고 재촉하는 꿈**
재빨리 신변의 길흉을 살펴 대처함이 유익하다.

● **옥새 또는 관청의 직인을 얻는 꿈**
하는 일에 번창 · 융성을 누리게 될 좋은 징조이다.

● **개인의 도장이나 사인을 사용하는 꿈**
새로운 지식을 얻거나 이익과 권리가 늘어날 좋은 징조이다.

● **값진 도장 · 도장함 · 도장집 등을 얻는 꿈**
추대 · 발탁 · 영전의 영예 및 신변에 재물과 이익이 풍성

해질 징조이다.

- **찻그릇이 파괴·훼손·오염되는 꿈**
  장차 재난 또는 장애가 발생하여 고난을 치르게 될 징조이다.

- **항아리·물동이 위에 올라앉아 있는 꿈**
  평소 앓고 있던 질병이 쾌유될 좋은 징조이다.

- **병풍이나 장막, 가리개 등이 파괴되는 꿈**
  신변에 재물의 손실 및 장애와 불안이 따르게 될 징조이다.

- **물통을 얻는 꿈**
  신변에 재물 및 이권의 증진을 얻게 될 징조이다.

- **과일 쟁반을 보는 꿈**
  상하가 화합·단락하여 만사가 형통할 좋은 징조이다.

- **솥이나 시루를 얻는 꿈**
  재물이나 혼담의 성사 또는 배우자 등을 얻게 될 징조이다.

- **솥이나 시루를 등에 지고 달리는 꿈**
  장차 신변에 고난을 겪게 될 불길한 징조이다.

- **솥이나 냄비 밖으로 음식물이 끓어 넘쳐흐르는 꿈**
  신변에 재물로 인한 즐거움이 생길 좋은 징조이다.

- **큰 광주리를 짊어지는 꿈**
  하는 일이 번거로워 많은 애로를 겪게 될 징조이다.

- **광주리나 키·솔·체·빗자루 등을 잃어버리는 꿈**
  재물의 손실 및 가정에 어려운 일이 발생되는 낭패를 겪게 될 징조이다.

- **수저·젓가락·낫·작두 등을 얻는 꿈**
  일의 성취 및 물질의 풍족함을 얻게 될 좋은 징조이다.

- **기름병·통·대롱 등을 보는 꿈**
  주식, 만남에 연관된 일이 찾아올 길한 징조이다.

- **기름병·통·대롱 등이 침대 위나 잠자리에 놓여 있는 꿈**
  장차 신변에 낭비와 소모가 발생하게 될 징조이다.

- **절구통이 저절로 움직이거나 파괴되는 꿈**

재물과 연관된 장애와 손실 등 낭패가 발생하게 될 징조이다.

- **절구공이를 보는 꿈**
  새로운 기회나 전환의 여건이 형성될 상서로운 조짐이다.

- **절구공이로 방아를 찧는 꿈**
  큰 일에는 재액이나 낭패가 발생하게 될 불길한 징조이다.

- **진열장을 시장이나 집 앞에 설치하는 꿈**
  상대와의 교섭·거래상의 출입이 늘어날 징조이다.

- **창고가 가득히 차 있는 꿈**
  자신에게 부귀와 번창의 영화가 따를 상서로운 징조이다.

- **저울을 몸에 지닌 꿈**
  자차 큰 직무를 맡아 이를 수행하게 될 길한 징조이다.

- **저울을 만드는 꿈**
  자신의 실력을 마음껏 발휘할 일이 있게 될 징조이다.

- **저울로 무게나 값을 계량하는 꿈**
  신변에 재물과 복록 등에 연관된 경우가 찾아올 징조이다.

- **돌절구를 안치하는 꿈**
 장차 신변에 번성, 발전을 누리게 될 좋은 징조이다.

- **되나 말을 머리에 이는 꿈**
 장차 신변에 험난 또는 재액을 반드시 경계해야 된다.

- **커다란 자를 얻는 꿈**
 나름대로 발전하여 입신, 양명을 얻게 될 좋은 징조이다.

- **주판이나 계산기 등이 보이는 꿈**
 신변의 번거로운 일을 정리하거나 경쟁 등에 연관된 일이 발생될 징조이다.

- **등불을 들고 길을 가는 꿈**
 장차 부귀, 번성과 안정, 발전을 누리게 될 길한 징조이다.

- **비옷을 만드는 꿈**
 장차 재물이 풍성해지고 일신에 영화로움이 따를 징조이다.

- **비옷을 몸에 입는 꿈**
 자신의 명성을 추구하는 일에 마음을 쓰게 된다.

- **우산을 펼쳐드는 꿈**
  장차 신변에 이동에 연관된 일이 생길 징조이다.

- **뒤집힌 우산을 가지고 있는 꿈**
  하는 일을 처리함에 있어서 매우 신중히 해야 된다.

- **도롱이를 걸치거나 얻는 꿈**
  장차 신변에 기쁜 일이 생길 길한 징조이다.

- **거울이 보름달처럼 밝고 맑게 빛나는 꿈**
  하는 일의 부진과 의혹 등 일정하지 못한 점을 조심해야 된다.

- **거울이 부서지는 꿈**
  장차 신변에 분산과 이별의 재액이 발생하게 될 징조이다.

- **거울을 닦아 광을 내는 꿈**
  하는 일의 발전·번성을 얻게 될 좋은 징조이다.

- **거울을 등지고 서 있는 꿈**
  자기 계획대로 일을 추진하다 큰 말썽을 빚을 일이 생길 징조이다.

- **거울에 비추어도 사물이 보이지 않는 꿈**
 하는 일의 무산 및 성과가 부진·미흡할 좋지 않은 징조이다.

- **몸에 거울을 가지고 있는 꿈**
 사물의 숨겨진 부분이 백일하에 밝혀지게 될 징조이다.

- **거울을 허리띠에 매는 꿈**
 매사에 신중하고 삼가지 않으면 장래 나쁜 일에 부딪히게 될 징조이다.

- **대나무로 만들어진 빗을 얻는 꿈**
 하는 일의 원만한 성취를 이루게 될 길한 징조이다.

- **머리빗을 지닌 꿈**
 장차 하는 일의 발전과 공적이 향상될 좋은 징조이다.

- **삿갓을 쓰거나 얻는 꿈**
 재물이 점차 늘어나고 윗사람의 도움을 입게 될 징조이다.

- **머리빗이 부러지거나 파괴되는 꿈**
 장차 명예의 손상 또는 피해가 생길 불길한 징조이다.

- **화장대를 얻는 꿈**
  장차 신변에 안정과 발전을 얻게 될 좋은 징조이다.

- **입술이나 눈썹을 그리는 꿈**
  신변에 낭비가 발생하게 될 좋지 않은 징조이다.

- **구리로 만든 비녀를 얻는 꿈**
  부부간의 화락, 단합의 기쁨이 따를 상서로운 징조이다.

- **팔찌나 반지를 얻는 꿈**
  하는 일이 번성하게 되고 소송이나 재난은 점차 해결될 징조이다.

- **금이나 은으로 만든 팔찌나 반지를 얻는 꿈**
  하는 일에 발전과 이권이 점차 늘어날 좋은 징조이다.

- **보석이나 주옥으로 만든 핀 종류를 얻는 꿈**
  신변에 명예 및 재물이 늘어나거나 또는 귀한 자손을 얻게 될 조짐이다.

- **옷소매나 주머니에 핀이 들어 있는 꿈**
  손님이 찾아오거나 소식이 오게 될 징조이다.

- **관리가 머리에 쓰는 관모를 얻는 꿈**
  지위와 사업이 날로 융성하고 부귀, 번창을 얻게 될 징조이다.

- **정교한 모양의 귀걸이를 얻는 꿈**
  하는 일의 발전과 사업의 융성, 번창을 얻게 될 징조이다.

- **손톱을 장식하는 도구를 얻는 꿈**
  항상 매사 행동함에 있어 신중을 기해야 된다.

- **향수를 얻는 꿈**
  부녀자와의 만남 및 출산 · 잉태에는 귀한 아들이 태어날 태몽이다.

- **왕의 곤룡포를 얻는 꿈**
  장차 영화와 번성을 누리게 되고 귀인의 은총을 입게 될 징조이다.

- **붉은색 비단옷을 남으로부터 받는 꿈**
  장차 차츰 명성이 향상되고 재물이 불어날 징조이다.

- **비단 외투를 입는 꿈**
  사업이 날로 번창하고 명예와 공적이 높아질 징조이다.

- **의복을 세탁하거나 때를 닦아내는 꿈**
  풍파는 일단 사라지나 재물과 이권의 추구에는 별로 소득이 없을 징조이다.

- **비녀를 얻는 꿈**
  남자는 이권이 상승되나 여자는 삼각 관계로 위태로움이 따르게 될 징조이다.

- **남색옷을 입는 꿈**
  추천 등에 이익이 따르고 곤궁한 사람은 빼어난 자식을 두게 될 태몽이다.

- **푸른 옷을 입는 꿈**
  신변에 곤란을 겪게 되며 상거래나 변동 등에 말썽이 따를 조짐이다.

- **삼베 옷을 입는 꿈**
  장차 재물이 풍족해지고 우환과 액운이 사라질 징조이다.

- **옷 위에 덧옷을 겹쳐 입는 꿈**
  하는 일의 점검 또는 결손의 정리 등에 연관된 일이 생길 징조이다.

- **화려하게 만들어진 옷을 입는 꿈**
  장차 신변에 옳지 못한 일이 발생하게 될 징조이다.

- **부녀자가 웃옷을 얻는 꿈**
  장차 배우자나 연인이 생기게 될 좋은 징조이다.

- **남이 주는 옷을 받는 꿈**
  재능 등의 계승 인수에 따른 이익이 얻어질 좋은 징조이다.

- **양가죽으로 만든 외투를 입는 꿈**
  한가하게 지내면서 적당한 휴식을 취함이 이롭다.

- **사슴가죽으로 만든 외투를 입는 꿈**
  장차 혼인의 성사가 이루어질 길한 징조이다.

- **새털로 만든 외투를 입는 꿈**
  자신이 이상한 일에 연관되어 번거로움이 생길 징조이다.

- **갑옷이나 방탄복 또는 전투복 등을 입는 꿈**
  재난이나 낭패를 방비하기 위한 사전 단속을 강구해야 한다.

- **왕이 쓰는 면류관을 얻는 꿈**

신변에 기쁘고 경사스러운 일이 찾아오게 될 길한 징조이다.

● **관모 위에 핀 꽃을 보는 꿈**
경사스런 일이 따르고 귀인의 도움을 얻게 될 징조이다.

● **남자가 구슬과 봉황새로 장식된 관을 머리에 쓰고 있는 꿈**
명예에 따른 수모나 치욕이 따를 불길한 징조이다.

● **모자가 땅 위에 떨어지는 꿈**
학자와 관리는 차츰 명예와 지위가 높아지게 될 징조이다.

● **죄수나 노예가 쓰는 모자나 두건 등을 쓰는 꿈**
법률에 관계된 일로 신경을 쓸 일이 있게 될 징조이다.

● **엄동설한에 목도리를 두르는 꿈**
하는 일에 발전을 얻게 되고 기쁨이 따르게 될 징조이다.

● **표범가죽으로 만든 외투를 입는 꿈**
하는 일의 성취와 재물의 번성이 따를 상서로운 징조이다.

● **모자의 정수리 부위가 모두 없어져 버리는 꿈**

명예의 손상, 인과 관계의 피해·말썽 등이 일어날 징조이다.

● 짐승의 털로 짠 모자를 쓰는 꿈
하는 일에 불이익 등 장애를 치르게 될 징조이다.

● 모자 대신 삿갓을 쓰는 꿈
앞뒤가 맞지 않는 상황에 놓여지는 장애를 겪게 될 좋지 않은 징조이다.

● 목도리가 허공에 걸린 꿈
낭패가 자신의 목전에 놓여 있음을 특히 경계해야 된다.

● 신발을 거꾸로 신거나 뒤집어 신는 꿈
부부나 연인과의 불화·갈등에 따른 피해가 따를 징조이다.

● 신발이 파손되거나 잃어버리는 꿈
배우자·종업원·자손으로 인한 재액을 치르게 될 징조이다.

● 왕이 신던 신발을 얻는 꿈
하는 일에 부귀와 번영이 따르게 될 좋은 징조이다.

- **신선이 신는 신발을 신는 꿈**
  명성이 점차 향상되고 장수하고 자손이 번창할 징조이다.

- **비단으로 만들어진 신발을 신는 꿈**
  하는 일에 철저하게 신중을 기해야 신상에 이롭다.

- **오물을 밟아 신발이 더럽혀지는 꿈**
  장차 신변에 수치나 모욕을 겪는 낭패를 만나게 된다.

- **조잡한 신발을 얻는 꿈**
  손아랫사람을 시켜서 실행할 일이 생기게 될 징조이다.

- **신발이 자꾸 벗겨지거나 남에게 빼앗기는 꿈**
  하는 일에 예상이 빗나가고 부진 및 손실을 치르게 된다.

- **나막신을 신거나 얻는 꿈**
  외부의 사람이 찾아오거나 먼 곳에서 소식이 오게 된다.

- **수건을 잃어버린 꿈**
  신변에 우환이 사라지는 이로움을 얻게 될 징조이다.

- **머리를 붉은 수건으로 동여매는 꿈**
  하는 일에 철저하게 신중함과 인내를 기해야 된다.

- **보배로 장식된 허리띠를 얻는 꿈**
  귀인의 도움을 입게 되고 재물이 늘어날 좋은 징조이다.

- **악기를 담는 지갑을 얻는 꿈**
  주위에 신경을 쓸 일이 발생하게 될 징조이다.

- **똥이 신발에 묻는 꿈**
  신변에 재물과 이권이 생기며
  소득이 늘어나는 기쁨을 얻을
  징조이다.

- **하늘에서 울려퍼지는 음악소리를 듣는 꿈**
  학자는 명예가 높아지고 부귀, 영화해질 징조이다.

- **가야금을 한가로이 연주하는 꿈**
  가정의 안녕·번성을 얻게 될 길한 징조이다.

- **가야금을 한 번 튕겼는데 여러 번 소리가 반복되어 울리는 꿈**
  하는 일의 발전·성취를 얻게 될 길한 징조이다.

- **새로운 가야금을 만드는 꿈**
  하는 일의 발전·번창이 따르게 될 행운이 찾아온다.

● **가야금을 품에 안고 자는 꿈**
  학자는 명예가 높아지나 하는 일의 목적 성취가 힘겨워질 징조이다.

● **비파나 첼로를 연주하는 꿈**
  하는 일에 신중을 기하고 잘못을 저지르지 않도록 매사 조심해야 한다.

● **실내에 비파나 첼로·피아노·가야금 등이 놓여 있는 꿈**
  부부가 화락하고 건강을 누릴 좋은 징조이다.

● **퉁소를 보거나 얻는 꿈**
  신변에 재난·손실을 겪으며 재물의 이익을 얻지 못할 불길한 징조이다.

● **사람이 퉁소를 부는 꿈**
  신변에 어떤 사물과 연관된 일이 감춰져 있음을 암시한다.

● **피리를 불거나 얻는 꿈**
  초반에 고난 또는 장애를 겪으나 나중에 번창을 얻게 된다.

● **북소리가 힘차게 울려 퍼지는 꿈**
  명예와 이익을 얻게 되고 발전이 따르게 될 징조이다.

- **북이 선반이나 다락 위에 놓여 있는 꿈**
  명성이나 공로의 늘어남은 기대할 수 있으나 이익의 성취는 부진하다.

- **장고를 치거나 얻는 꿈**
  하는 일에 손실 등 재액이 발생하게 될 징조이다.

- **종을 보거나 얻는 꿈**
  상거래에는 이득이 늘어나게 되나 반드시 모험은 피해야 한다.

- **종을 만드는 꿈**
  매사에 성실, 근면해야 발전과 영화를 얻을 수 있다.

- **종소리가 크고 멀리 울려 퍼지는 꿈**
  하는 일의 발전 및 명예가 오래도록 융성해진다.

- **목탁소리가 들리는 꿈**
  자신이 우환중일 경우에는 매우 불길한 징조이다.

- **가야금을 무릎 위에 올려놓고 있는 꿈**
  재물·친구 및 거래 관계의 원만 성취를 얻게 될 징조이다.

- **금의 빛이 찬란하게 빛나는 꿈**
  학자는 명성이 높아지고 관리는 벼슬이 높아지게 된다.

- **금으로 만들어진 혁대나 띠를 얻는 꿈**
  상인은 이익이 늘어나며 임신에는 귀한 아들을 출산할 태몽이다.

- **금띠로 자기 몸을 묶는 사람을 보는 꿈**
  신변에 기쁜 일이 사라지는 일이 생기는 불길한 징조이다.

- **커다란 금종소리가 울리는 꿈**
  매사에 신중·정의로워야 신상에 이롭다.

- **금관을 얻는 꿈**
  하는 일의 번창 및 이권의 증대 등 영화를 누리게 될 징조이다.

- **금가락지나 금귀고리 등을 얻는 꿈**
  부정·기만·동상이몽 등에 연관된 장애나 손실이 발생된다.

- **금병을 얻는 꿈**
  하는 일에 유동이 발생하며 부귀 중에 부족함이 따른다.

● **금갑옷을 입는 꿈**
  강인한 의지로 노력하면 부귀, 영화를 얻게 될 좋은 징조이다.

● **황금으로 된 궁궐에 들어가는 꿈**
  학자는 명성이 점점 높아지고 재물과 권위가 융성해지며 사업이 흥왕, 번창한다.

● **금으로 포장된 땅이나 터를 보는 꿈**
  하는 일의 부진, 낭패 등 액화가 따르고 병자는 죽음을 맞이할 수도 있다.

● **쇳덩어리가 금으로 변하는 꿈**
  큰 이득이나 명예를 얻게 되며 사업의 성취를 얻을 수 있다.

● **금을 물에 헹구는 꿈**
  하는 일에 노고가 따르고 잉태에는 귀한 아들이 태어난다. 또한 하는 일의 이익이 늘어나나 봄·여름은 이로움이 적다.

● **은덩이를 손에 들고 있는 꿈**
  하는 일의 지체 및 부진을 겪게 될 좋지 않은 조짐이다.

- **은으로 만든 등을 얻는 꿈**
  일의 전망이 점점 밝아지고 귀인의 도움을 얻을 징조이다.

- **은수저나 젓가락을 받는 꿈**
  하는 일에 도움을 얻게 되며, 혼인에 즐거움이 따를 징조이다.

- **은병을 얻는 꿈**
  신변에 재물이 흩어지고 금전의 어려움을 입게 될 징조이다.

- **은으로 물건을 포장하는 꿈**
  집안에 곤란이나 변화 등에 관련된 일이 생길 징조이다.

- **금으로 만들어진 궤짝을 보는 꿈**
  재물과 이권이 고갈되는 장애가
  따를 좋지 않은 징조이다.

- **커다란 흰 구슬을 얻는 꿈**
  하는 일의 원만한 성취를 얻게 될 길한 징조이다.

- **구슬 주렴을 치는 꿈**
  신변에 파탄과 재난 등 액화를 겪게 될 불길한 징조이다.

- **쟁반 위의 구슬이 사방으로 굴러다니는 꿈**
  하는 일이 차츰 원활해지고 자신의 실속을 구비하게 될 대길한 징조이다.

- **품질이 좋은 옥을 얻는 꿈**
  사업이 번창하고 자손이 부귀하는 등 발전이 따를 징조이다.

- **옥을 삼키는 꿈**
  인과 관계에 얽힌 재물로 인한 다툼이 발생될 징조이다.

- **옥으로 만들어진 그림·책 등을 얻는 꿈**
  학자는 명예와 공적이 높아지고 항상 인내를 견지해야 된다.

- **양손으로 옥을 받들고 있는 꿈**
  노력하면 부귀와 영화를 누리게 될 좋은 징조이다.

- **패옥을 몸에 걸치는 꿈**
  신변에 유동에 연관된 일이 생기고 명성과 공적이 향상된다.

- **옥으로 만든 주발을 얻는 꿈**

귀인의 도움으로 혜택을 받게 될 좋은 징조이다.

● **옥이 돌 한가운데 들어 있는 꿈**
하는 일에 인간 관계 및 힘이 되는 귀인을 만나기가 힘들다.

● **옥방망이를 얻는 꿈**
장차 태어날 자손이 현명할 길한 태몽이다.

● **동전이 수북이 쌓여 있는 꿈**
하는 일에 이로움을 달성하게 될 길한 징조이다.

● **돈을 주고 물건을 사는 꿈**
신변에 거래와 관계된 일이 찾아올 좋은 징조이다.

● **땅을 파고 금전을 구하는 꿈**
땅을 계속 파도 돈이 나오지 않으면 장차 번성을 얻게 된다.

● **몸이 돈 속으로 빨려 들어가는 꿈**
장차 신변에 소송 등에 연관된 말썽이 생길 징조이다.

● **금전에 실제의 소유주가 따로 있는 꿈**

될 수 있는 한 자신의 과욕을 절제해야 피해가 적다.

● **무쇠나 강철 등을 잃어버리는 꿈**
하는 일에 있어 일의 차질이나 낭패가 발생하게 될 징조이다.

● **자동차나 기차, 탱크 등을 보는 꿈**
명예 또는 이익에 관련된 움직임이 생길 징조이다.

● **조개 속에 있는 구슬을 보는 꿈**
신변에 부진·공허 등이 따르는 장애를 겪게 될 징조이다.

● **철지팡이를 얻는 꿈**
하는 일의 형통 및 남으로부터 혜택을 입게 되고 병환은 빠른 쾌유를 보이게 될 징조이다.

● **진귀한 보석을 얻는 꿈**
매사 하는 일이 번성하며 임신·출산에는 장차 귀하게 될 자녀를 두게 될 징조이다.

● **유리를 얻는 꿈**
재액이 발생하게 되고 손실의 감소를 얻게 될 징조이다.

- **향기를 풍기는 옥돌을 얻는 꿈**
  융성을 누리게 될 뿐만 아니라 장차 고결한 자녀가 출생하게 될 징조이다.

- **금강석이나 칼·송곳 등을 얻는 꿈**
  의지를 끝까지 관철하여 목적을 달성하고 마침내 번창·융성하게 될 징조이다.

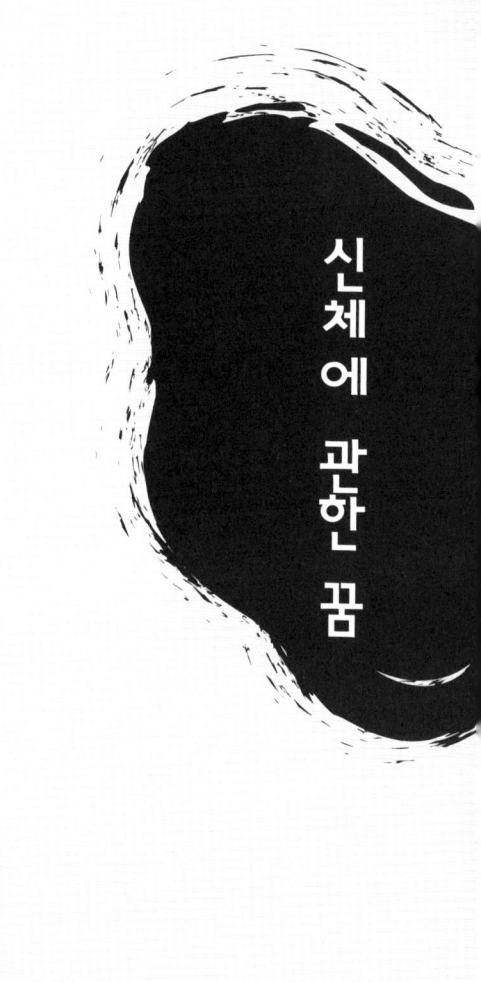

신체에 관한 꿈

- **몸이 허공에 날아다니는 꿈**
  재물과 권위와 명성이 늘어나 질병의 쾌유를 얻는다.

- **자신의 몸이 나체가 되는 꿈**
  부귀와 복록의 번성이 따르고 장차 평안을 누리게 된다.

- **몸에 빛과 윤기가 흐르는 꿈**
  이익과 명예가 향상되며 질병이 쾌유되고 매사 형통·발전한다.

- **신체가 유아처럼 작아지는 꿈**
  질병을 앓는 환자는 증상의 악화 또는 흉액이 따른다.

- **신체에서 갑자기 어두운 빛이 나는 꿈**
  신변에 우환 및 재액과 피해가 발생하게 될 불길한 징조이다.

- **몸을 씻다가 미끄러져 넘어지거나 나뒹구는 꿈**
  하고 있는 일의 장애 또는 손실이 발생하여 낭패를 치르게 될 나쁜 징조이다.

- **신체를 자세히 살펴보는 꿈**
  잠시 신변에 어떤 일에 나쁜 상황이 발생하게 된다.

● **몸이 몹시 수척해지는 꿈**
 하는 일에 장애가 따르고 임산부의 태몽일 경우에는 매우 불길한 징조이다.

● **머리가 장대해지는 꿈**
 신변에 부귀, 복록과 학문 등이 증진되고 번창·형통이 따를 징조이다.

● **콧물이 입 속으로 흘러들어오는 꿈**
 주변의 시비가 사라지며 만남에 연관된 일이 발생하게 된다.

● **콧대에 이가 돋는 꿈**
 점차로 신변에 명예 및 권위가 높아지는 행운이 찾아온다.

● **코에서 발산되는 광채가 밝은 꿈**
 귀인은 위엄이 늘어나고, 장차 화재의 액화를 경계해야 한다.

● **코가 늘어나서 입술 아래까지 내려오는 꿈**
 구설과 말썽이 점차 사라지고 수명이 늘어나며 사업이 융성해진다.

- **눈썹이 갑자기 백발로 변하는 꿈**
  집안에 다복함과 평강을 얻게 되는 길한 징조이다.

- **눈썹을 그리는 꿈**
  노인은 수명이 길어지고 학생은 훌륭한 스승을 만난다.

- **눈썹이 불타거나 불에 볶는 꿈**
  불원간에 급한 사정 또는 일이 발생하게 된다.

- **머리털이 빠지는 꿈**
  신변에 재물 또는 이권의 손실이 생길 좋지 않은 징조이다.

- **머리털이 모두 백발로 변하는 꿈**
  자신의 억울함의 결백이 마침내 밝혀지거나 고난에서 광명을 얻게 된다.

- **머리털을 잘라 남에게 주는 꿈**
  형벌 등 재액을 겪게 되고 또는 사제간의 정을 끊는 경우가 발생하게 된다.

- **머리털을 싹둑싹둑 마구 잘라 버리는 꿈**
  하는 일에 놀라운 일이 갑작스럽게 발생하여 불안한 상황에 부딪칠 징조이다.

- **머리털이 하얗게 변하는 꿈**
  어린이는 근심, 장년은 질병 또는 손재, 노인들에게는 무력의 장애가 생긴다.

- **몸에서 뜨거운 열이 나는 꿈**
  고독한 사람은 기쁜 일이 생기며 질병은 차츰 호전된다.

- **반쪽 머리털이 뒤엉켜 흐트러진 꿈**
  신변에 번거로운 근심과 손실 등 장애를 겪게 된다.

- **머리털 속에서 파리나 모기가 두피를 찌르는 꿈**
  자신이 소인들에 의한 훼방·모략에 연관된 장애를 겪게 된다.

- **머리털이 한 개의 모공에서 모두 자라나오는 꿈**
  학자나 관리는 명성과 부귀를 얻고, 상인은 큰 이득을 누린다.

- **광대뼈가 불쑥 솟아오르는 꿈**
  신변에 영예와 권위로 인하여 곤욕이 따르게 될 징조이다.

- **광대뼈 부위에 매화꽃이 피어나는 꿈**

재물이나 이권이 생기며, 병자는 건강을 회복하고, 노인은 장수를 누린다.

- **양쪽 광대뼈 부위에 눈썹 같은 터럭이 나는 꿈**
  장수와 영예를 얻고 만남에 따른 즐거움이 생긴다.

- **뺨이 손상되든지 구멍이 뚫리는 꿈**
  곤욕이나 수모를 겪게 되고 형벌 또는 구속의 액운을 만나게 된다.

- **뺨의 살점이 뜯기거나 볼이 떨어져 나가는 꿈**
  신변에 재물이 점점 흩어지고 우환이나 낭패를 만나게 된다.

- **남에게 입을 얻어맞는 꿈**
  세게 얻어 맞을수록 자신에게 이익이 늘어나게 된다.

- **입 속에 연꽃이 피는 꿈**
  부녀자의 잉태에는 귀한 자식을 얻고, 소송 등에는 형통·유익이 따른다.

- **입을 깨끗이 씻는 꿈**
  신변에 말썽이 사라지고 만남의 일이 생긴다.

- **입에서 불을 토하는 꿈**
  심장 질환이 발생하고, 오래 된 감정이나 원망이 풀리게 된다.

- **입 속에 은행이 열리거나 아름다운 꽃이 핀 꿈**
  윗사람의 도움 또는 은총을 입게 되고 인연이 성취된다.

- **이로 사람의 머리를 깨무는 꿈**
  장차 재물을 얻게 되며 잉태에는 아들을 얻게 된다.

- **이가 뽑혔는데 피가 나지 않는 꿈**
  부모 또는 처자식과 연관된 흉한 일이 발생하여 낭패를 치르게 될 불길한 징조이다.

- **이가 흔들리는 꿈**
  신변에 고난·장애·이동·변화의 실행에 따른 불이익을 치르게 된다.

- **입이 물동이처럼 커다랗게 변하는 꿈**
  장차 영달, 부귀하고 복록이 융성해 지는 행운이 찾아온다.

- **이를 닦아 정결히 하는 꿈**

사람을 만나는 일이 생긴다.

● **커다란 치아가 호랑이 이처럼 돋아나는 꿈**
 장차 날쌔고 의로운 친구나 부하를 얻게 된다.

● **입술이 얄팍해지는 꿈**
 신변에 언행과 연관된 신뢰·납득 등에 이익을 얻게 된다.

● **남이 칼을 가지고 자신의 입술을 잘라 가져가는 꿈**
 하는 일에 시비나 투쟁 등의 장애가 사라진다.

● **입술 부위를 파괴당하는 꿈**
 가족이나 자신에게 재난 또는 곤경 등 불이익이 발생하게 될 불길한 징조이다.

● **혀에서 긴 광채가 발산되는 꿈**
 신변에 명성 또는 권위가 높아지고 번창과 발전의 성취를 누리게 된다.

● **혀를 길게 뽑아 눈을 닦거나 문지르는 꿈**
 신변에 슬픈 일이나 난감한 일에 부딪히게 된다.

● **혓바닥 위로 물이 흐르는 꿈**

하는 일에 부진 등 곤란과 장애를 치르게 된다.

● **턱수염이 수북이 자라는 꿈**
점차 명성과 복록이 늘어나고 하는 일이 날로 풍성해진다.

● **수염이 용으로 변하는 꿈**
신변에 부귀, 현달과 번창 등 영화를 얻게 된다.

● **수염이 빠지는 꿈**
하는 일의 부진 · 낭패 등 질병의 위태로움이 따른다.

● **목구멍이 막히는 꿈**
재난과 손실, 하는 일의 중단 등 곤경을 치르게 된다.

● **목덜미가 갑자기 살이 찌는 꿈**
하는 일에 이익이 늘어나서 발전하나, 질병은 불길 · 흉하다.

● **끊어진 목덜미에 머리가 연결되는 꿈**
근심과 장애가 사라지고 부귀, 현달의 영화가 따르게 된다.

● **목덜미에 입이 생기는 꿈**
신변에 말썽과 상처 또는 몸에 종기가 생기게 된다.

- **목덜미가 나무나 돌처럼 변하는 꿈**
  병자에게는 흉험과 재액이 늘어나게 된다.

- **목덜미뼈가 높게 돋아나는 꿈**
  권위와 명성이 점차 높아지고, 재물 및 이익이 늘어나게 된다.

- **수염이 신장보다 더 길게 자라는 꿈**
  하는 일에 여유 및 권위가 향상 되고 수명이 길어진다.

- **손상된 피부나 노출된 골절 등을 씻는 꿈**
  명예의 상승, 사업의 융성, 질병의 해소 또는 완화가 따른다.

- **땀구멍의 털이 길게 자라는 꿈**
  복록과 영화가 늘어나고 재액이 감소하는 행운이 찾아온다.

- **피부의 터럭을 잡아당겨도 뽑히지 않는 꿈**
  재액의 경우 필요 이상의 낭비가 상당량 감소된다.

- **피부에 호랑이를 그리고 날개를 다는 꿈**

점차 명예와 이익이 높아져서 성공하고 영화를 누리게 된다.

● **피부에 수가 놓여지는 꿈**
신변에 관재 및 형벌 등에 연관된 낭패나 손실에 부딪히게 될 불길한 징조이다.

● **피부가 불에 타고 파손 또는 망실되는 꿈**
부모·처자에게 재난이 생기고 관공서에 연관된 고난을 겪게 될 징조이다.

● **손의 뼈가 드러나는 꿈**
신변에 이익·명성·권위 등의 부진·쇠퇴가 따른다.

● **손발이 길게 자라나는 꿈**
하는 일이 형통하고 사업이 풍성해지며 목표의 성취를 이루게 될 좋은 징조이다.

● **손이 갑자기 줄어드는 꿈**
명성 및 지위가 높아지고 재물과 이권의 융성이 따른다.

● **손발을 씻는 꿈**
신변에 재난·액화가 사라지고 평온함의 회복이 따른다.

- **손에 부스럼이나 물집이 생기는 꿈**
  장애가 차츰 사라지고 재물과 이권의 회복, 시비의 화해가 성립된다.

- **양쪽 주먹이 점점 커지는 꿈**
  학자나 관리는 명성과 권리가 차츰 높아지고 복록과 영예가 번성한다.

- **손가락의 통증을 느끼는 꿈**
  몸에 불편한 일이 생기는 등 좋지 않은 조짐이다.

- **팔에 못이 박히는 꿈**
  주위의 가까운 사람들과 협력해야 될 일이 생긴다.

- **남이 발로 자기 발을 차는 꿈**
  좋은 친구나 동료, 인연이 있는 사람 등을 만나게 된다.

- **발이 오물이나 진흙으로 더럽히는 꿈**
  신변에 장차 곤욕이나 수모를 겪게 될 좋지 않은 징조이다.

- **손에 꽃이 생겨나는 꿈**
  하는 일에 이익이 늘어나고 임산부는
  딸을 출산하게 된다.

- **다리에 종기가 생기는 꿈**
  이권의 증가, 하는 일의 성취 등 번성과 발전이 따른다.

- **어깨가 솟아오르는 꿈**
  가까운 사람 또는 뜻밖에 이로움을 주는 사람이 나타난다.

- **어깨를 얻어맞아 심한 통증을 느끼는 꿈**
  주변 사람의 협력을 얻어 고난을 극복, 안정을 얻게 된다.

- **어깨를 없애버리는 꿈**
  하는 일의 악화로 사람 및 재물 관계의 고난과 손실 등 낭패를 치르게 된다.

- **어깨뼈가 커지는 꿈**
  수입이 늘어나고 남의 협력이나 도움을 얻게 된다.

- **가슴이 부서지고 달이 솟아오르는 꿈**
  권위가 향상되며 부녀자는 귀하게 될 자녀를 잉태하게 된다.

- **앞가슴이 갑자기 열려지거나 파열되는 꿈**
  서서히 발전하여 애로나 장애가 사라지고 유익함이 늘어난다.

● **가슴의 피부가 없어져 뼈가 훤히 드러나는 꿈**
  가족에게 재액이나 나쁜 일이 발생하게 되는 불길한 징조이다.

● **가슴속에 붓이나 펜 등을 감추는 꿈**
  신변에 문서에 연관된 일이 생긴다.

● **배가 갈라져 오장이 훤히 드러나는 꿈**
  하는 일이 한층 투명해지고 전망이 밝아진다.

● **뱃속으로 쥐가 들어오는 꿈**
  장래 낭패가 발생되나 잉태·출산에는 귀한 자식을 얻게 된다.

● **배에 책이나 문서가 놓여져 있는 꿈**
  학문과 식견이 증진되는 행운이 찾아오는 길한 징조이다.

● **배에 별들이 빛나는 꿈**
  집안에 자녀의 임신·출산에 따른 기쁨이 생긴다.

● **등에서 벌레가 돌아다니는 꿈**
  모든 사물의 이익이 차츰 늘어나게 되나 주위에 원망이 많이 생긴다.

- **등에 무거운 돌이나 짐을 짊어지는 꿈**
  책임이 무거워지고 자신의 역량 및 권위가 확대된다.

- **등뼈가 끊어지는 꿈**
  커다란 낭패에 부딪히게 되며 자신에게 불행한 일이 발생하게 될 징조이다.

- **유방을 잘리거나 파손당하는 꿈**
  집안에 우환과 하는 일에 낭패 등 말썽이 생길 징조이다.

- **배에서 뱀이 나오는 꿈**
  학자는 공명을 이루고 하는 일에 풍파 등 장애를 치르게 된다.

- **유방에 머리털이 생기는 꿈**
  신변에 번창과 복록이 증진하고 질병과 우환이 사라진다.

- **유방을 화려한 보물로 치장하는 꿈**
  옷이나 술과 먹거리에 연관된 즐거움이 생긴다.

- **배꼽으로 뱀이 들어가는 꿈**
  하는 일에 이권이 늘어나고 순조로운 형통이 따른다.

- **허리에 금은 보화가 매달린 꿈**
  점차 명성과 권위가 향상되는 행운이 찾아온다.

- **허리와 복부를 씻고 내장을 들여다보는 꿈**
  사물의 결백이 드러나고 신변의 재액이 사라진다.

- **성기가 옥돌로 변하는 꿈**
  점차 재액이 사라지며 남자는 아들을 낳게 될 태몽이다.

- **두 개의 성기가 돌출하는 꿈**
  신변에 다급한 상황이 발생하게 된다.

- **심장을 칼로 자르거나 도려내는 꿈**
  신변에 모든 근심과 장애가 자신의 주위에서 점차 사라지게 된다.

- **심장이 새로 변하는 꿈**
  학문과 상거래에는 번성이 따르나 소송 등에는 불이익을 겪게 될 징조이다.

- **심장 한가운데 한 마리 양이 들어 있는 꿈**
  신변에 우환·말썽 등 장애가 발생하는 불길한 징조이다.

- **가슴을 손으로 문지르는 꿈**
  친구와 연관된 말썽・원망 등이 사라지고 형통을 얻는다.

- **창자가 몸 밖으로 나오면서 무지개로 변해 떠오르는 꿈**
  학자는 명성과 이익이 늘어나고 여자는 귀한 자식을 잉태하게 될 좋은 징조이다.

- **까마귀나 오리가 부리로 자신의 창자를 쪼아대는 꿈**
  가족 또는 주위 사람들과 연관된 재난에 부딪히게 된다.

- **남이 자기의 창자를 꺼내 가지고 가는 꿈**
  위선 등에 연관된 낭패를 치르게 되나 시험에는 좋은 일이 따른다.

- **위장이나 창자를 씻어내는 꿈**
  노력하면 자신의 면모를 혁신하여 새로운 개척의 길이 열리게 될 징조이다.

- **배꼽에서 아지랑이가 피어나는 꿈**
  나이가 든 사람은 만남이 생기고, 젊은 사람은 추진하던 혼담이 성사된다.

● 폐에 꽃이 피는 꿈
 하는 일이 형통하여 순조롭고 성공을 얻게 된다.

● 폐나 간을 바꾸는 꿈
 신변에 장차 있을 피해를 대비하여 매사에 신중함과 철저를 기해야 된다.

● 폐나 간을 호랑이에게 먹히는 꿈
 하는 일에 낭패와 불이익 등 장애를 치르게 된다.

● 붉은 피를 온몸에 묻히는 꿈
 명성과 권위가 차츰 높아지고 마침내 귀인의 도움을 입게 될 대길한 징조이다.

● 피로 손발을 더럽히는 꿈
 재물 또는 이권의 나눔에 따른 기쁨이 생긴다.

● 피가 혀 끝에서 흘러나오는 꿈
 점차 주위에서 구설과 말썽이 사라지게 되는 징조이다.

● 자기 입 속에 피를 머금었다 삼키는 꿈
 신변에 슬픈 일이나 흉한 일을 겪게 될 불길한 징조이다.

- **사람의 피를 그릇에 담아 집으로 가지고 들어오는 꿈**
  신변에 재난과 액화가 사라지고 수명과 복록의 증진을 얻게 된다.

- **온몸에서 피가 흘러나오는 꿈**
  공적과 명성이 높아지며 하는 일에 유익이 늘어나나 관공서에 관련된 말썽 등에는 흉험하다.

- **피를 머금었다가 사람에게 뱉는 꿈**
  진행하는 일에 노력하면 반드시 발전과 성취를 얻게 될 징조이다.

- **땀으로 옷을 더럽히는 꿈**
  열병이 사라지고 마침내 마음속의 번민이 사라진다.

- **숨소리가 천둥이 울리는 것같이 들리는 꿈**
  신변에 부귀와 입신, 복록이 증대되는 길한 조짐이다.

- **숨소리가 요란스러운 꿈**
  자신이 비밀을 은폐하기 곤란한 처지에 부딪히게 된다.

- **심한 두통을 앓는 꿈**
  관직에 있는 사람은 승진을 하게 되며, 매사 순조롭게 진

행된다.

- **온몸에서 땀이 흐르는 꿈**
  장차 크게 발전을 이루게 되며 질병과 재난이 사라진다.

동물에 관한 꿈

- **하늘로부터 기린이 내려오는 꿈**
  신변에 장차 재난과 낭패·액화를 치를 일이 일어날 징조이다.

- **늑대나 이리에게 포위되어 위태로워지는 꿈**
  집안에 도적이 들고 사업은 실패·손실 등이 따르게 된다.

- **사슴을 잡는 꿈**
  부귀와 영화가 번성하고 신분이 새로워질 길한 징조이다.

- **여우가 몸을 물에 적시지 않고 빙판을 건너가는 꿈**
  고난이 점차 사라지고 하는 일에 향상을 얻게 된다.

- **너구리나 여우가 창문 밖에 있는 꿈**
  집안에 우환, 음란 등 재난이 따르게 될 불길한 징조이다.

- **너구리나 오소리를 손으로 움켜잡는 꿈**
  여러 사람의 만남, 교제 또는 부부간의 금실 등에 이로움이 생길 징조이다.

- **담비나 족제비가 숲 속으로 들어가는 꿈**
  갑작스런 재난 발생에 조심해야 되며, 현상 유지를 잘 해야 이롭다.

- **담비나 족제비를 손으로 움켜잡는 꿈**
  이익이 늘어나고 하는 일에 융성·발전을 얻게 된다.

- **코끼리가 집 안으로 들어오는 꿈**
  이익이 늘어나고 하는 일에 번창을 누리게 될 징조이다.

- **코끼리가 목욕하는 꿈**
  신변에 예기치 못한 재난이 발생하게 될 불길한 징조이다.

- **코끼리가 배를 두드리며 춤을 추는 꿈**
  하는 일이 순조롭고 만남에 관련된 일이 생길 징조이다.

- **코끼리가 논밭갈이를 하는 꿈**
  장차 훌륭한 인물을 만나게 되고 번성을 얻게 될 징조이다.

- **노루가 마당이나 정원으로 들어오는 꿈**
  우연히 남의 도움 또는 남의 조력, 후원 등이 찾아올 징조이다.

- **낙타나 코끼리가 등에 짐을 지고 다니는 꿈**
  신변에 부귀와 영화가 늘어날 길한 징조이다.

● **낙타를 타고 큰길을 달리는 꿈**
 장차 번화한 문물을 구경할 기회가 생기고 장애를 만나 불이익을 겪게 될 징조이다.

● **원숭이가 높은 절벽 위에 올라가 있는 꿈**
 고난과 장애를 겪으면서 자신의 영역을 확보하게 될 징조이다.

● **원숭이가 높은 산 큰 숲 사이에서 노니는 꿈**
 자신의 손실을 경계하고 행실을 바르게 해야 이로움이 따르게 된다.

● **원숭이가 구름 속에서 내려오는 꿈**
 차츰 재액과 장애가 신변에서 사라지고 질병은 낫게 된다.

● **물개가 해안 위나 언덕 위로 올라오는 꿈**
 재능 및 역량의 발휘하는데 과실이나 무리·착오가 발생하기 쉬우며 피해나 부득이한 낭패를 초래하게 되고 매사 신중히 행동해야 이로움이 따른다.

● **해태를 보는 꿈**
 평소 행동이 불량한 사람은 신변에 재난과 풍파가 발생하게 될 징조이다.

- **호랑이 같은 고양이가 집 안으로 들어오는 꿈**
  하는 일에 발전 및 번창·융성이 따르게 될 징조이다.

- **고양이와 쥐가 함께 잠을 자는 꿈**
  함부로 행동하여 말썽·손실 또는 풍파가 발생하게 될 불길한 징조이다.

- **집에서 기르는 고양이를 남의 고양이가 물어뜯는 꿈**
  아랫사람들의 일로 인하여 피해나 재액을 치르게 될 징조이다.

- **고양이가 물고기를 잡아먹는 꿈**
  하는 일에 성취 및 재물과 이권의 증진·번성을 얻게 될 징조이다.

- **검은 호랑이를 보는 꿈**
  하는 일에 발전과 경쟁 관계에서 선두를 차지하게 될 대길한 징조이다.

- **흰 호랑이가 공격해 오는 꿈**
  송사·형벌 등과 연관된 일이 생기고 불행을 겪을 징조이다.

- **표범이 집 안으로 들어오는 꿈**
  신변에 손재 · 시비 및 도적을 경계해야 될 징조이다.

- **큰 곰을 보는 꿈**
  귀인을 만나 도움을 얻고 부인은 귀한 아들을 출산하게 된다.

- **사자 등에 올라타고 달리는 꿈**
  입신, 성공하여 대중의 우두머리가 될 길한 징조이다.

- **말을 타고 구름 위를 치달리는 꿈**
  모든 일에 곤란과 위험 및 장애를 겪게 될 징조이다.

- **말을 타고 하늘나라의 궁궐에 도착하는 꿈**
  장차 크게 현달하여 부귀, 영화를 누리게 될 징조이다.

- **말을 타고 깊은 산중으로 들어가는 꿈**
  모든 일에 장애 · 차질 등 불이익이 늘어나게 될 징조이다.

- **네 마리 또는 여섯 마리의 말이 함께 수레를 끄는 꿈**
  장차 번성을 얻게 되고 모든 일이 원만하게 잘 풀린다.

- **말을 씻기는 꿈**

재난과 장애가 점차 사라지며 부귀와 영화가 번성해진다.

● **말이 물을 마시는 꿈**
하는 일에 성취 및 상호간에 화합과 신뢰 향상이 따른다.

● **노새를 보는 꿈**
공공기관에 볼일이나 말썽이 생길 좋지 않은 징조이다.

● **뿔이 없는 소를 보는 꿈**
사물의 착오·말썽 및 장애·손실이 발생하게 될 징조이다.

● **소가 무성한 숲을 갈아엎는 꿈**
마침내 험난과 장애를 극복하여 번성·발전을 차지하게 될 징조이다.

● **소가 오줌을 뿌려대는 꿈**
신변에 점차 안정과 발전을 얻게 되며 유익이 늘어나게 된다.

● **소가 침실 안으로 들어오는 꿈**
하는 일에 유익과 마음의 평안을 누리게 될 좋은 징조이다.

- **염소나 양을 끌고 오는 꿈**
  재물과 이권이 차츰 번성하고 우환·질병 및 재난이 사라질 징조이다.

- **염소나 양이 뿔로 울타리나 담장을 들이받는 꿈**
  하는 일에 장애와 손실 등 고난을 겪게 된다.

- **염소나 양에 사람이 올라타고 다니는 꿈**
  장차 위선·비밀·기만 등의 피해가 발생할 징조이다.

- **염소나 양의 몸을 찌르거나 자르는 꿈**
  남으로부터 축하를 받게 될 일이 생길 징조이다.

- **사람의 몸이 갑자기 염소나 양으로 변하는 꿈**
  위장·가식·은둔·회피 등과 연관된 일이 생길 징조이다.

- **소의 꼬리가 두 개인 것을 보는 꿈**
  사람·가축 등의 도난·분실 또는 손상이 발생할 징조이다.

- **수천 마리씩 떼를 지은 염소나 양의 무리를 보는 꿈**
  장래 크게 입신하여 번성과 영화를 누리게 될 징조이다.

● **개가 하늘에서 내려오는 꿈**
 순리와 정도를 따르면 장차 귀인의 도움을 받게 될 징조이다.

● **개가 큰 소리로 짖어대는 꿈**
 매사에 신중·철저하고 성실·겸손해야 신상에 이롭다.

● **개가 쌀밥을 먹는 꿈**
 재난과 우환 등이 사라지고 주변의 도움을 얻게 된다.

● **사람의 몸이 돼지로 변하는 꿈**
 사업이 번성하고 잉태에는 아들을 낳고 질병은 쾌유된다.

● **하늘에서 돼지가 내려오는 꿈**
 복록이 번창하며 순조롭게 흥성, 발전하여 성공한다.

● **죽은 돼지가 다시 되살아나는 꿈**
 신변에 고난이 점차 순조롭게 풀리게 될 징조이다.

● **돼지를 활이나 총을 쏘아 맞히는 꿈**
 하는 일에 원만한 목표 달성과 명성의 향상을 얻게 된다.

● **어미돼지가 새끼를 낳는 꿈**

자산과 이익이 풍성해지고 하는 일에 발전과 형통이 따르게 될 길한 징조이다.

● **흰 쥐를 보는 꿈**
장차 신변에 재물과 이권이 번성하여 부유해질 징조이다.

● **쥐가 고양이로 변하는 꿈**
허세 · 교활 · 간교 등에 연관된 재액이 생길 징조이다.

● **쥐가 우물 한가운데 들어가 있는 꿈**
장래 신변에 고난과 낭패 및 곤궁을 치르게 될 징조이다.

● **다람쥐나 청설모 · 새앙쥐 등이 개처럼 커다란 것을 보는 꿈**
신변에 피해가 발생하여 불이익을 겪게 되며, 재앙을 초래하게 될 불길한 징조이다.

● **사람이 용으로 보이거나 용으로 변하는 꿈**
장래 부귀, 현달, 융성 및 영화와 권위가 무궁해질 징조이다.

● **용이 뱃속으로 들어오는 꿈**
부귀와 영화가 무궁해지고 잉태에는 존귀한 인물이 출생하게 될 징조이다.

● 용의 등에 올라타는 꿈
 부귀, 영화가 무궁하고 병자는 불원간 사망 및 큰 흉액에 부딪히게 될 좋지 않은 징조이다.

● 개에게 사람이 물리는 꿈
 신변에 수치·망신·굴욕 등의
 낭패를 겪게 될 징조이다.

● 뱀이 변하여 용이 되는 꿈
 부귀, 양명과 융성·번창의 영화를 얻게 될 징조이다.

● 거북을 통째로 삼키는 꿈
 장차 신변에 품성과 자질·재능의 증진·향상을 얻게 될 좋은 징조이다.

● 큰 바다거북을 보는 꿈
 학자·관리는 권위가 상승하고 잉태에는 귀한 자손을 두게 될 징조이다.

● 거북과 자라가 한데 섞여 있는 꿈
 임산부에게는 몹시 불길할 징조이니 매우 조심해야 한다.

● 악어에게 쫓기거나 몸에 훼손을 입는 꿈

신변의 험난한 일로 재난 및 손실 등 낭패를 치르게 된다.

● **두꺼비를 보는 꿈**
용모나 태도가 불량한 사람과 연관된 일이 발생할 징조이다.

● **고래를 보는 꿈**
하는 일에 성취를 얻게 되나 평소 나쁘게 행동한 사람은 흉험한 결과가 빚어지게 될 징조이다.

● **상어를 보는 꿈**
사람들과의 만남에 연관된 일이 생긴다.

● **방어나 홍어 · 가오리를 낚는 꿈**
귀한 손님이 집에 찾아오거나 연회 등과 연관된 일이 생긴다.

● **새우를 잡거나 먹는 꿈**
하는 일에 부진, 공허 등 낭패를 겪게 되는 불길한 징조이다.

● **물고기가 벼나 밀 · 조 · 수수 등의 곡식을 먹는 꿈**
신변에 수해나 가뭄 · 유행병 따위의 재난을 치르게 된다.

- **많은 게가 논이나 들판에 가득하게 기어다니는 꿈**
  신변에 말썽·재난·도적의 침입 등을 경계해야 한다.

- **커다란 뱀이 뿔과 수염, 비늘이 달려 있는 것을 보는 꿈**
  장차 부귀, 영화를 누리게 되나 너무 서두르면 번창을 얻기 어렵다.

- **게를 잡아 다리를 없애는 꿈**
  큰 일의 목적 성취 또는 어려운 일을 마침내 해결하게 된다.

- **조개를 줍는 꿈**
  사업의 형통을 얻게 되고, 잉태에는 귀한 자식이 출생하게 될 길한 징조이다.

- **벌레가 눈 속으로 들어오는 꿈**
  장차 큰 재난, 손실 또는 낭패 및 장애를 치르게 될 징조이다.

- **물가에서 낚시질로 물고기를 잡는 꿈**
  사람을 만나 연회·모임 등에서 술을 마실 일이 생긴다.

● 호랑나비가 커튼 안으로 날아드는 꿈
 신변에 위선·부정·간사 등이 개입된 장애를 조심해야 한다.

● 파란 나비가 집 안에서 담장 밖으로 날아가는 꿈
 재물 및 이권의 손실 또는 불이익을 겪게 될 불길한 징조이다.

● 누에나방이 고치 속에서 나오는 꿈
 혼인 등의 기쁨 및 잉태에는 귀한 자식을 얻게 될 징조이다.

● 누에나방이 집 밖을 벗어나지 않고 날아다니는 꿈
 발전과 융성을 누리고 주위 사람의 도움을 받아 이익을 얻게 된다.

● 누에가 갑자기 나비로 변하는 꿈
 하는 일에 신속한 성취와 장애가 사라지고 번창을 얻게 된다.

● 메뚜기가 곡물과 다른 벌레를 갉아먹는 꿈
 장차 신변에 곤란과 불이익 및 재액을 치르게 될 징조이다.

- **귀뚜라미를 보는 꿈**
  장차 투쟁·반목·말썽 등 장애가 발생할 불길한 징조이다.

- **하루살이가 커튼 안으로 가득 날아드는 꿈**
  신변에 장차 번거로운 일이 발생할 징조이다.

- **벌이 꽃에서 꿀을 채집하는 꿈**
  사업에 발전이 늘어나고 협력에 의해 유익이 늘어난다.

- **벌떼가 나무 위에 커다란 집을 짓는 꿈**
  여럿이 협심하여 움직일 일이 발생하게 될 징조이다.

- **매미 울음소리를 듣는 꿈**
  먼 곳에서 기다리던 소식이 오거나 손님이 찾아오게 된다.

- **사마귀가 매미를 잡는 꿈**
  장차 말썽이 발생되고 부득이한 피해나 손실을 입게 된다.

- **박쥐가 높은 하늘에서 날아오르는 꿈**
  장차 이익이 풍성해지며 재앙과 우환이 사라지게 된다.

- **모기를 잡은 손에 피가 흥건한 꿈**

위험에 부딪히거나 재난과 풍파를 치르게 될 징조이다.

● **커다란 거미를 보는 꿈**
장차 기쁜 일이 생기고 임산부는 애로를 만나게 될 징조이다.

● **왕개미를 보는 꿈**
장차 재액과 장애가 사라지고 어려운 일이 사라진다.

● **반딧불이 뜰에 가득 날아드는 꿈**
점차 고난과 장애가 사라지고 융성을 얻게 될 좋은 징조이다.

● **반딧불이 모여들어 구슬등같이 보이는 꿈**
학문의 증진, 문건의 내왕 등과 연관된 일이 생길 징조이다.

● **잠자리가 자기 꼬리를 먹는 꿈**
하는 일에 번성과 독립에 따른
유익을 얻게 될 징조이다.

● **말똥구리가 털을 모아 쌓는 꿈**
이권의 손실 · 곤궁 및 도적 · 유실의 재액을 겪게 될 징

조이다.

● **바퀴벌레가 집 안에 날아드는 꿈**
  장래 신변에 말썽·손실 등의 장애가 발생하게 될 좋지 않은 징조이다.

● **벼룩과 이를 잡아 삼키는 꿈**
  하는 일에 목표 달성을 이루기 힘들고 질병을 조심해야 한다.

● **자신의 몸 속에서 생긴 이가 피부 밖으로 기어나오는 꿈**
  하는 일에 발전이 따르고 재난과 장애가 점차 사라진다.

● **구더기가 똥 속에서 나오는 꿈**
  장차 재물과 이권의 향상·증대를 얻게 될 길한 징조이다.

● **지렁이가 풀숲을 돌아다니는 꿈**
  매사 섣불리 행동하지 않아야 몸에 이롭다.

● **달팽이가 들판에 가득 널려 있는 꿈**
  신변에 곤란과 궁색에 따른 장애를 겪게 될 불길한 징조이다.

● **봉황을 보는 꿈**
  범사의 발전과 재난의 해소 및 부귀와 복록을 누리게 된다.

● **붕새가 바다를 건너 날아오는 꿈**
  부귀, 영화, 복록의 번창이 따르게 된다.

● **독수리가 하늘 높이 나는 꿈**
  모든 일에 명성과 권위의 향상·발전이 따르는 좋은 징조이다.

● **매가 참새나 꿩을 나꿔채는 꿈**
  모든 일이 형통·성취되고 발전이 따르는 행운이 찾아온다.

● **검은 학이나 노란 학을 보는 꿈**
  장수·다복·강녕과 평안·화락을 누리게 될 좋은 징조이다.

● **황새가 집을 짓는 꿈**
  부귀를 얻게 되고, 잉태에는 총명한 자손이 출생하게 된다.

● **두루미가 하천에서 휴식을 취하는 꿈**

귀인의 도움을 입으나 손실을 입지 않도록 신중한 처세가 필요하다.

● **꿩을 쏘아 명중시키는 꿈**
하는 일에 성취 및 재물의 번성을 누리게 되는 좋은 징조이다.

● **공작새가 뜰이나 정원에서 춤을 추는 꿈**
부귀와 출세 등 영화를 얻게 될 상서로운 징조이다.

● **기러기가 구름 속으로 날아 들어가는 꿈**
장차 자신의 기대와 어긋나는 결과에 부딪히는 낭패를 겪게 될 불길한 징조이다.

● **지네에게 물리거나 쫓기든지 지네가 무리를 지어 있는 꿈**
장차 신변에 피해 · 훼손 · 말썽 및 낭패를 치르게 될 징조이다.

● **나무 위에서 꾀꼬리가 우는 꿈**
신변에 이동 · 변화에 따른 이익을 얻게 된다.

● **제비가 나뭇가지 위에 집을 짓는 꿈**

사업이 점차 쇠퇴하고 손실 등 신변에 액화를 치르게 된다.

● **긴꼬리 참새를 보는 꿈**
하는 일에 부진 및 장애 등 어려움을 겪게 될 징조이다.

● **까마귀가 지붕 위에 모여드는 꿈**
장차 도적 · 유실 · 우환 · 질병 등 재난이 발생할 징조이다.

● **붉은색 까마귀가 집 안으로 날아드는 꿈**
주위에 화재 등에 관련된 피해나 위험을 경계해야 된다.

● **까마귀가 물건을 집 안에 떨어뜨리는 꿈**
장차 집안에 발생하게 될 길흉화복이 찾아올 징조이다.

● **까치가 집을 짓는 꿈**
사업의 번창 · 형통 · 융성과 혼담 · 교제 등에 즐거움이 따를 길한 징조이다.

● **물오리나 따오기를 보는 꿈**
사업의 부진 · 곤경 · 손실 등 장애를 치르게 될 좋지 않은 징조이다.

- **뱁새가 나뭇가지에 둥지를 트는 꿈**
  신변에 귀인의 도움을 얻게 되고 하는 일의 순조롭고 안정을 얻게 된다.

- **달밤에 두견새가 우는 꿈**
  혼인·교제 등은 훗날 낭패에 부딪히게 된다.

- **오리와 닭이 무리를 지어 어우러진 꿈**
  신변에 재물 및 이권의 증진과 화합·기쁨의 즐거움이 따를 좋은 징조이다.

- **오리와 거위가 한데 어우러져 물 위에서 노니는 꿈**
  배우자나 연인과의 화락·단합 등에 따른 움직임이 발생한다.

- **수탉이 알이나 새끼를 낳는 꿈**
  장차 구설이나 시비·반목 및 말썽과 손실이 따를 좋지 않은 징조이다.

- **암탉이 수탉처럼 우는 소리를 듣는 꿈**
  장차 신변에 재난·풍파 등 낭패를 겪게 될 불길한 징조이다.

- **높다란 나무 위에서 닭이 우는 꿈**
  신변에 구설이 발생되고 손님이 찾아오게 되며 영예로움을 얻게 된다.

- **갈매기의 울음소리를 듣는 꿈**
  귀인의 만남 등 형통·성취를 얻게 될 좋은 징조이다.

식물에 관한 꿈

- **예쁜 꽃을 꺾어가지고 집으로 돌아오는 꿈**
  문학·예술작품 등의 자료를 얻고 부인과 새댁은 임신하여 예쁜 딸을 낳는다.

- **길을 가다가 손으로 꽃가지를 잡는 꿈**
  문화의 공간에서 아름답고 예쁜 사랑을 맺는다.

- **친구나 애인으로부터 예쁜 꽃다발을 받는 꿈**
  선물을 받고 러브 스토리로 이야기꽃을 피우며, 문화, 예술 방면에서 대성한다.

- **꽃밭에 태양이 떠오르는 꿈**
  부귀, 공명하고 입신, 출세하여 훌륭한 사회의 지도자가 된다.

- **정치가나 또는 사회지도자로부터 꽃다발을 받는 꿈**
  영예로운 상장이나 훈장을 받아 공명을 크게 떨치게 되고 재물에 행운이 있다.

- **싱싱한 꽃들이 시들어 죽는 꿈**
  사고, 우환, 질병, 중단, 실패 등이 있으며 슬픔을 맞이할 수도 있다.

- **꽃밭에 누워 있는 꿈**
  분위기 좋은 곳에서 유흥에 빠져 헤어나지 못한다.

- **꽃이 모래밭에 활짝 피어 있는 꿈**
  온갖 어려움을 딛고 일어나 새로운 희망을 맞이하게 된다.

- **꽃이 볏단 위에 활짝 핀 꿈**
  신변에 경제·재물·돈·명예·창작·성공·당선·승진 등이 찾아온다.

- **꽃 한 송이가 낙엽 속에 아름답게 피어 있는 꿈**
  어려운 역경을 혼자 딛고 일어나 못다 한 일을 마침내 성취하게 된다.

- **이른 아침 나뭇가지에 꽃이 곱게 피어 있는 꿈**
  일이 순조롭게 잘 풀리며 생명의 탄생, 문예 작품을 창작하게 된다.

- **꽃잎이 바람결에 사람처럼 말하는 꿈**
  먼 곳에서 뜻밖에 정보와 기쁜 소식이 찾아온다.

- **꽃이 아름답게 핀 꿈**

혼기를 놓친 남녀가 하늘이 도와서 마침내 사랑과 행운을 맞이한다.

● 꽃대가 눈 속을 뚫고 나와 꽃망울을 터뜨리는 꿈
  온갖 노력과 고생 끝에 마침내 영광을 차지하고 질병은 차츰 쾌유된다.

● 눈꽃이 동산에 활짝 피어 있는 꿈
  명예 · 부귀 · 승진 · 당선 · 합격 · 재물 · 입학 · 자격취득 · 학위 · 승리 · 성공 등의 행운이 찾아온다.

● 안방에 있던 꽃병 속에 꽃이 모두 없어진 꿈
  짝사랑 · 빛 좋은 개살구 · 속빈강정 · 지출 · 좀도둑 · 사고 · 질병 · 실패 등의 불운이 찾아온다.

● 붉은꽃이 컴컴한 굴 속에 화려하게 피어 있는 꿈
  오래 된 고고학이나 문예작품을 온갖 고생 끝에 마침내 발굴해낸다.

● 활짝 핀 꽃이 시드는 꿈
  하는 일이 처음에는 일이 잘 되고 나중에는 망하게 된다.

● 황금빛 찬란한 꽃이 눈앞에 다가오는 꿈

뜻밖에 행운의 여신이 찾아와 행운을 가져다 준다.

● **노란꽃이 똥 속에 피어오르는 꿈**
  횡재수가 있어 떼돈이 저절로 들어온다. 운수대통 길몽이다.

● **꽃이 들판에 활짝 핀 꿈**
  농사일이 잘 되어 풍년이 든다. 출판·명예·과시 등의 행운이 있다.

● **붉은꽃이 얼음 위에 곱게 피어 있는 꿈**
  부귀·명예·승진·당선·합격·입학·학위·훈장·임명장·자격증·승리·성공·재물·사랑·행운 등이 찾아온다.

● **붉은꽃이 천장에 화려하게 피어 있는 꿈**
  집안에 경사스런 일이 생기고, 자손에게 혼사가 들어온다.

● **꽃방석에 앉아 푸른 하늘 위로 두둥실 떠다니는 꿈**
  장차 부귀, 공명하고 입신, 출세하는 행운이 찾아온다.

● **분홍색 꽃다발을 안고 있는 꿈**
  그리운 사람을 오랜만에 만나 기쁘고 뜨거운 이야기를

나눈다.

● **꽃잎이 봄바람을 타고 창문으로 날아 들어오는 꿈**
사랑, 행복, 희소식이 날아오고 그리운 임을 찾아 길을 떠난다.

● **공중에 떠 있는 예쁜 꽃 한 송이를 손으로 잡는 꿈**
만남·사랑·행복·행운·재복 등 행운이 찾아온다.

● **향긋한 꽃이 양 어깨에 얹어 있는 꿈**
명예·입학·승진·당선·합격 등 기쁜 일이 찾아온다.

● **집 안에 있던 꽃이 바람을 타고 바깥으로 날아가는 꿈**
집안 식구나 딸이 가출하거나 우환이 들끓게 되는 징조이다.

● **붉은꽃이 높이 쌓인 짐짝 위에 활짝 피어 있는 꿈**
사업에 투자하여 큰 돈을 벌어 마침내 부자가 된다.

● **신선한 꽃송이가 푸른 하늘에서 땅으로 떨어지는 꿈**
사망·재해·사고·실패·질병 등으로 집안에 우환이

들끓게 된다.

● 붉은꽃이 가로등에 화려한 꿈
 자신을 대중 앞에 드러내어 마침내 입신, 양명하게 된다.

● 민들레꽃이 산의 언덕길에 곱게 피어 있는 꿈
 보고 싶은 가족이나 친구, 애인을 몹시 기다린다.

● 민들레꽃을 속옷 안에 집어 넣는 꿈
 부녀자는 곧 임신하여 명석한 딸을 낳는다. 태몽이다.

● 바람에 민들레꽃씨가 흩날리는 꿈
 여러 곳에 돈이 지출되고 고독하고 외롭게 지낸다.

● 넓은 초원에 민들레꽃이 융단처럼 깔려 있는 꿈
 영세업으로 시작한 사업이 마침내 큰 사업으로 발전한다.

● 민들레꽃이 길 옆에 무리를 지어 피어 있는 꿈
 친구들과 같이 놀이마당에서 판소리와 탈춤을 구경한다.

● 개나리꽃이 응접실에 곱게 피어 있는 꿈
 방을 새롭게 꾸미거나 신혼꿈을 되살린다. 동창회·잔치·파티 등으로 모임을 갖는다.

- **개나리꽃이 개울가에 아름답게 피어 있는 꿈**
  신변에 경사, 기쁨, 만남 등이 찾아온다.

- **개나리꽃이 큰 바위틈 사이에 핀 꿈**
  신변에 재물과 돈이 생기고 먹을 것이 풍족하다. 그리고 횡재운이 있다.

- **개나리꽃이 맑은 물 위에 산뜻하게 핀 꿈**
  자신의 참신한 아이디어로 창작, 발명, 발견 등이 있다.

- **개나리꽃이 담장 밑에 활짝 피어 있는 꿈**
  집안에 경사스런 일이 찾아오고 자손에게는 좋은 기운이 보이는 대길한 징조이다.

- **예쁜 꽃다발을 안고 잠을 자는 꿈**
  남녀가 아늑한 공간에서 만나 단꿈을 꾼다.

- **꽃이 쌀독 안에 피어 있는 꿈**
  신변에 재물과 돈이 생기고 먹을 것이 넉넉하게 들어온다.

- **봄동산이 진달래꽃으로 울긋불긋 물들인 꿈**
  신변에 명예 · 부귀 · 승진 · 당선 · 합격 · 입학 등의 행운

이 찾아온다.

- **진달래꽃이 공원의 화단에 활짝 피어 있는 꿈**
 파티에 참석하여 자신의 멋과 낭만을 마음껏 즐긴다.

- **진달래꽃이 거실에 상긋하게 피어 있는 꿈**
 집안에 경사스런 일이 있고, 화기애애한 분위기가 감돈다.

- **진달래꽃이 연못 한가운데에 산뜻하게 피어 있는 꿈**
 문예작품을 창작하여 인류 사회에 빼어난 업적을 남긴다.

- **진달래꽃이 장미꽃이 되고 장미꽃이 흰 연꽃으로 변한 꿈**
 지혜를 통해 도와 덕을 닦아 마침내 훌륭한 지도자가 된다. 온갖 고생 끝에 성공한다.

- **진달래 꽃다발을 흐르는 물 속에서 건져내는 꿈**
 뜻밖에 호경기를 맞아 떼돈을 벌게 되는 행운이 찾아온다.

- **철쭉꽃이 공원이나 약수터 길목에 화려하게 피어 있는 꿈**
 푸른 초원에서 단합대회나 파티로 즐거움을 갖는다.

- **우아한 철쭉꽃이 환하게 보이는 꿈**
 주변에 기쁜 일이 생기고 친구나 사랑하는 애인을 만난다.

- **철쭉꽃잎이 한 잎, 두 잎 떨어지는 꿈**
  하던 사업과 일이 몹시 부진하여 경쟁력이 뚝 떨어진다.

- **진딧물이 철쭉꽃에 잔뜩 붙어 있는 꿈**
  사람에게 어떤 시달림을 받거나 그로 인해 고생을 하게 된다.

- **클로버로 꽃반지를 만들어 손가락에 끼는 꿈**
  사랑·만남·합의·계약·결혼 등의 기쁜 행운이 찾아온다.

- **책갈피에 클로버 꽃잎을 끼여 넣는 꿈**
  신변에 정보 및 기술축적, 각종 자료 수집 등이 있다.

- **토끼에게 클로버를 먹이로 주는 꿈**
  생산, 식품업 등에 투자하여 차츰 이익을 얻고 많은 식구를 거느린다.

- **클로버 한 줄기에 잎이 네 개 붙어 있는 꿈**
  청춘남녀에게 봄바람에 실려 다가오는 행운이 있다.

- **클로버 꽃잎 위에 앉아 있는 꿈**
  신변에 경사스런 일이 찾아오고 달콤한 꿈을 꾼다.

- **클로버꽃이 앞뜰에 곱게 피어 있는 꿈**
  집안에 경사스런 일이 있거나 마침내 사랑의 결실을 맺는다.

- **철쭉꽃이 들판에 곱게 피어 있는 꿈**
  그간에 쌓은 인연으로 남녀가 연분을 맺게 되며, 관람·구경·감상 등이 있다.

- **언덕배기의 물망초가 굽어 보이는 꿈**
  상봉·약속·예견·꿈 등 아름다운 행운이 찾아오게 된다.

- **물망초가 공원의 꽃밭에 무리를 지어 푸름이 가득한 꿈**
  회의·동창회·연회석·파티 등의 즐거운 모임 등을 갖는다.

- **물망초 꽃다발을 친구나 애인에게 받는 꿈**
  상대방으로부터 정성어린 선물이나 사랑을 나타내는 징표를 받는다.

- **물망초꽃이 장미꽃으로 변한 꿈**
  온갖 어려움을 벗어나 마침내 좋은 결과를 얻는다.

● **물망초가 연못가에 곱게 피어 있는 꿈**
  참신한 아이디어로 예술작품을 창작하여 출품하게 된다. 학문과 발명·상품개발·발굴·명예·경사·혼사 등의 행운이 찾아온다.

● **물망초꽃이 연못가에 피어 있는 꿈**
  자신의 정신문화 발달과 두뇌발달을 가져다 준다.

● **큰 바위틈 사이로 에델바이스가 곱게 피어 있는 꿈**
  명예·창작·행운·승리·성공·정신발달 등으로 소원성취를 하는 행운이 찾아온다.

● **높은 산봉우리에 에델바이스가 피어 있는 꿈**
  마침내 영예를 얻어 입신·출세하게 되고, 합격·성공 등이 찾아온다.

● **매화꽃이 활짝 핀 거리를 걷는 꿈**
  애인과 데이트를 하게 된다. 만남·파티·여행 등이 찾아온다.

● **매화꽃이 높은 곳에 곱게 피어 있는 꿈**
  마침내 승진·당선·합격·입학·성공·승리·취직 등의 행운이 찾아온다.

- **매화나무에 올라가 매실을 따는 꿈**
  뜻밖에 행운을 만나 큰 돈을 벌게 되는 행운이 찾아온다.

- **모란꽃이 부엌에 곱게 피어 있는 꿈**
  집안 살림살이가 몹시 깔끔하고, 맛있는 음식을 정성스럽게 장만하는 기회가 찾아온다.

- **모란꽃이 서점에 곱게 피어 있는 꿈**
  자신이 베스트 셀러를 발표하여 화려하게 문단에 등장한다.

- **물에 떠 있는 모란꽃을 건져내는 꿈**
  태몽이며 부인과 새댁은 임신하여 예쁜 딸을 낳는다.

- **많은 꽃 중에서 특별히 꽃 한송이만 높이 솟아 아름다운 꿈**
  국가고시에 우수한 성적으로 합격하고, 당선·승진·성공 등의 행운이 찾아온다.

- **매화꽃을 모르는 사람으로부터 받는 꿈**
  남녀가 사랑의 증표나 선물을 주고 받으며 달콤한 꿈을 꾼다.

- **천사의 날개처럼 흰 모란꽃이 우아하게 보이는 꿈**
  예술 작품을 창작하여 작품 전시회에 출품하여 입상한다.

- **모란꽃이 변하여 황금덩어리가 되는 꿈**
  사업 등에 투자하여 큰 사업성과를 올리는 행운이 찾아온다.

- **양귀비로 된 꽃다발을 안고 있는 꿈**
  선남선녀가 만나 핑크빛 사랑을 한다.

- **많은 사람이 모인 곳에서 윗사람으로부터 양귀비꽃을 받는 꿈**
  어떤 일로 상훈장을 받거나 푸짐한 선물을 받는다.

- **양귀비꽃을 꺾어가지고 치마 속에 감추는 꿈**
  부인과 새댁은 임신을 하여 딸을 낳고 경사·재물·소유·횡재 등이 찾아온다.

- **집의 정원에 라일락꽃이 활짝 핀 꿈**
  집안에 경사스런 일이 생기고 행운이 활짝 열리는 기쁨이 찾아온다.

- **라일락꽃을 가지고 친구나 집안 식구가 집에 들어오는 꿈**
  집안의 혼사로 식구들이 바쁘다. 선물·재물·돈 등이

생긴다.

● **어른이나 직장 상사로부터 라일락꽃을 받는 꿈**
 신변에 임명장·선물·수주·하청·낙찰·계약·혼인 등이 찾아온다.

● **라일락 꽃송이를 호숫가에서 줍는 꿈**
 우연한 기회에 미인을 만나 달콤한 인연을 맺는다.

● **참나리꽃이 책상 위에 곱게 피어 있는 꿈**
 자신에게 두뇌계발을 가져다 주고, 학생은 성적이 오른다.

● **응접실에 참나리꽃이 활짝 피어 있는 꿈**
 귀인을 만나 도움을 받고, 평소 추진하던 일들이 순조롭게 잘 풀린다.

● **참나리꽃을 손으로 잡는 꿈**
 아름다운 미인을 만난다. 그리고 행운이 찾아온다.

● **참나리꽃이 여행길에 곱게 피어 있는 꿈**
 뜻밖에 귀인을 만나 어려운 고비를 넘기게 된다.

● **은방울꽃을 가슴에 달고 있는 꿈**

신변에 경사스런 일이 있고, 상훈장을 받는 등 행운이 찾아오는 대길한 징조이다.

● **은방울꽃을 꺾어 집으로 가지고 오는 꿈**
태몽이다. 부인과 새댁은 임신하여 똑똑한 아들을 낳는다.

● **은방울꽃이 독서실에 예쁘게 피어 있는 꿈**
학생은 학업 성적이 쑥쑥 올라간다.

● **양귀비꽃이 탁자 위 화분에 곱게 피어 있는 꿈**
집 안에 화기애애한 분위기가 감돌고 기쁜 일이 찾아온다.

● **한송이에 핀 은방울꽃이 제각기 다른 색깔로 보이는 꿈**
단체나 조직에서 독불장군이 많아 마침내 조직이 흔들리게 된다.

● **넓은 초원에 참나리꽃이 곱게 피어 있는 꿈**
부동산에 투자하여 큰 수익을 올리는 행운이 찾아온다.

● **붓꽃이 오솔길에 곱게 피어 있는 꿈**
뜻밖에 귀인을 만나 도움을 받고 인연을 맺는 행운이 있다.

- **유채꽃밭에 앉아 있는 꿈**
  아름다운 곳에서 경사·파티·만남·회의·모임 등이 있다.

- **어른으로부터 유채꽃다발을 받는 꿈**
  태몽이다. 부인과 새댁은 임신을 하여 예쁜 딸을 낳는다.

- **나비가 유채꽃에 앉아 있는 꿈**
  뜻밖에 사랑하는 친구와 애인을 만나 정다운 애기꽃을 피우게 된다.

- **노랑나비가 제비꽃에 앉아 있는 꿈**
  오랜만에 친구나 애인을 만나 정다운 얘기를 나눈다.

- **제비꽃 위에 편지가 놓여 있는 꿈**
  연인으로부터 사랑의 편지가 봄바람을 타고 날아온다.

- **제비꽃이 돌무덤 위에 곱게 피어 있는 꿈**
  뜻밖에 횡재하거나 여자친구를 만나 데이트를 한다.

- **제비꽃이 화장실 옆에 무리를 지어 있는 꿈**
  재물과 돈이 생기고 선물과 먹을 것이 풍성하게 찾아온다.

- **안개꽃이 사무실에 예쁘게 피어 있는 꿈**
  친구들과 모여 앉아 정다운 애기꽃을 피운다.

- **모르는 사람에게 안개꽃을 주는 꿈**
  재물과 돈이 나가고 남을 위하여 봉사하는 일이 있다.

- **안개꽃이 다리 밑 그늘진 곳에 곱게 피어 있는 꿈**
  양로원·고아원·육아원 등을 찾아 봉사를 하게 된다.

- **안개꽃이 책꽂이 위에 예쁘게 피어 있는 꿈**
  지적인 발달을 이룬다. 창조, 발명, 창작 등이 찾아온다.

- **흰 장미꽃이 담장 밑에 곱게 피어 있는 꿈**
  집안에 경사스런 일이 찾아오고 자식들에게 혼담이 들어온다.

- **장미꽃이 아름답게 보이는 꿈**
  신변에 기쁜 일로 친구나 애인을 만나 달콤한 꿈을 꾼다.

- **친구로부터 장미꽃 한 송이를 받는 꿈**
  연인으로부터 사랑의 고백을 받거나 예쁜 선물을 받는다.

- **산과 들에 유채꽃이 곱게 물들인 꿈**

신변에 기쁨 · 감상 · 구경 · 행
운 · 재물 · 돈 · 만남 · 결혼 등
이 찾아온다.

● **연꽃이 하늘 위로 두둥실 떠 있는 꿈**
당선 · 합격 · 입학 · 학위 · 자격취득 · 취직 · 승리 · 성공 등의 행운이 찾아온다.

● **연꽃이 물 위에 예쁘게 핀 꿈**
오랫동안 구상한 문예작품을 창작하게 된다.

● **하얀 박꽃이 창가에 곱게 피어 있는 꿈**
새로운 문예작품을 창작한다.

● **큰 박이 화장실 지붕 위에 많이 열려 있는 꿈**
사업에 투자하여 큰 성과를 올리고 마침내 부자가 된다.

● **두꺼비가 박 속에서 나오는 꿈**
태몽이다. 부인과 새댁은 아들을 낳고 횡재 · 식복 · 발견 등의 행운이 찾아온다.

● **인삼꽃이 텃밭에 활짝 피어 있는 꿈**
부동산에 관한 문서상으로 좋은 조짐이 보이는 길몽이다.

- **인삼꽃이 지붕 위에 곱게 피어 있는 꿈**
  집안에 경사스런 일이 찾아온다.

- **윗사람으로부터 인삼을 받는 꿈**
  태몽이다. 부인과 새댁은 임신을 하여 귀한 아들을 낳는다.

- **넓은 목화밭에 흰 목화꽃이 환하게 보이는 꿈**
  명예 · 부귀 · 재물 · 돈 · 횡재 · 수출 · 문화예술 · 창작 등이 있다.

- **목화 열매가 흰 솜털을 토해내는 꿈**
  마침내 자신이 개발한 참신한 아이디어로 신상품을 개발하여 시장에 내놓는다.

- **바람결에 목화꽃이 떨어지는 꿈**
  신변에 예기치 않았던 일들로 온갖 어려움을 겪게 될 징조이다.

- **목화꽃이 아침에 피었다가 저녁노을에 지는 꿈**
  하는 일이 처음에는 좋았다가 나중에는 안 좋은 일이 생긴다.

- **목화밭으로 들어가는 꿈**

생산·식품·농업·무역업 등에 투자하여 마침내 부자가 된다.

● **분꽃이 풀밭에 곱게 피어 있는 꿈**
많은 사람들 앞에서 아름다움과 권위를 마음껏 과시하게 된다.

● **분꽃이 공원에 활짝 피어 있는 꿈**
초원에서 친구들과 즐거운 놀이를 갖게 된다.

● **분꽃이 깊은 동굴 속에 곱게 피어 있는 꿈**
온갖 고생 끝에 국보급 문화재나 보물을 발굴한다.

● **땅에 분꽃이 떨어져 있는 꿈**
한때 큰 인기를 누리다가 하루아침에 이슬처럼 사라진다.

● **박 덩굴이 담장을 타고 길게 뻗어 있는 꿈**
무역업으로 큰 이익을 얻어 마침내 국제시장을 점유하게 된다.

● **분꽃씨가 흑진주처럼 영롱한 꿈**
재물과 돈이 생기거나 선물을 받는 행운이 찾아온다.

- **장미꽃이 활짝 핀 꽃밭에 들어가는 꿈**
  모임에 참석하여 많은 사람으로부터 축하를 받게 된다.

- **울타리 안에 있는 해바라기가 밖으로 향해 있는 꿈**
  슬하의 자식이 부모의 애간장을 몹시 태운다.

- **여러 사람들에게 해바라기 씨를 나누어 주는 꿈**
  신변에 재물과 돈이 나가고 하는 일이 몹시 바쁘게 된다.

- **해바라기꽃이 길가에 무리를 지어 활짝 피어 있는 꿈**
  친구들과 명산, 대찰과 명승지를 찾아간다.

- **해바라기 씨앗을 많이 수확하는 꿈**
  투자한 사업에 좋은 기회를 맞는 행운이 찾아온다.

- **봉숭아 꽃잎이 바람결에 나풀거리는 꿈**
  구경 · 관람 · 발견 · 발명 · 아이디어 · 두뇌계발 · 무도회 · 파티 등이 있다.

- **봉숭아 꽃잎으로 손에 물들이는 꿈**
  마침내 구상했던 신상품을 개발하거나 문예작품을 창작하게 된다.

- **봉숭아 꽃잎이 떨어지는 꿈**
  친한 친구나 사랑하는 애인과 이별하게 된다.

- **봉숭아순이 쑥쑥 자라나는 꿈**
  학생은 성적이 오르고, 사업가는 돈을 잘 벌고 고시생은 마침내 합격한다.

- **달맞이꽃이 밤에 환하게 피어 있는 꿈**
  사업성취, 유물 발굴·명예·합격·당선·승진·결혼의 행운이 있다.

- **책상 위에 달맞이꽃이 활짝 피어 있는 꿈**
  학생은 학업 성적이 오르고 상장이나 훈장을 받게 된다.

- **달맞이꽃이 바위 한가운데 활짝 피어 있는 꿈**
  재물과 돈이 생기고 하는 경영하는 사업이 날로 번창해 간다.

- **달맞이꽃이 맑은 물 한가운데 산뜻하게 피어 있는 꿈**
  인문, 자연과학, 예체능 등에 관한 연구를 하게 되고 경사스런 일과 만남이 있다.

- **달맞이꽃이 산봉우리에 곱게 피어 있는 꿈**

신변에 입학·승진·당선·합격·학위·자격취득·상봉 등이 찾아온다.

● **노란 해바라기꽃이 둥글게 점점 커가는 꿈**
단기성 투자로 마침내 짭짤한 재미를 보게 된다.

● 하늘의 신으로부터 꽃을 받는 꿈
명예·부귀·상훈장·임명장·선물·합격·당선·승진 등 행운이 찾아온다.

● 상사화꽃이 산봉우리 위에 곱게 피어 있는 꿈
입학·시험 공부·고시 공부 등에 대길할 징조이다.

● 상사화꽃이 정원에 산뜻하게 피어 있는 꿈
온갖 어려움을 딛고 일어나 마침내 목표한 일을 크게 성취하게 된다.

● 상사화꽃이 토굴 속에 곱게 피어 있는 꿈
모든 잡념을 없애고 심신을 수양하여 큰 깨달음을 얻게 된다.

- **맑은 물 위에 상사화꽃이 떠 있는 꿈**
  신변에 명예, 경사, 재물 등의 행운이 찾아온다.

- **할미꽃이 양지바른 언덕 위에 피어 있는 꿈**
  부모님이 자나깨나 자식 걱정으로 알뜰하게 보살핀다.

- **할미꽃을 꺾어 집으로 돌아오는 꿈**
  고고학 자료를 연구하여 마침내 새로운 평가를 받는다.

- **할미꽃이 길목에 아름답게 피어 있는 꿈**
  뜻밖에 귀인을 만나 옳은 길로 순탄하게 가게 된다.

- **며느리밥풀꽃이 부엌 안에 예쁘게 피어 있는 꿈**
  아내의 살림이 충실하고 집안에 경사가 있어 먹을 것을 장만하게 된다.

- **며느리밥풀꽃이 외딴 곳에 활짝 피어 있는 꿈**
  온갖 역경을 딛고 일어나 마침내 밝은 내일을 맞이한다.

- **며느리밥풀꽃을 한아름 안고 있는 꿈**
  경사스런 일로 남이 우러러볼 수 있는 명예를 얻게 된다.

- **며느리밥풀꽃이 똥더미 위에 활짝 피어 있는 꿈**

하는 사업이 잘 되고 횡재, 먹거리, 잔치 등의 길운이다.

● **며느리밥풀꽃이 장독 옆에 곱게 피어 있는 꿈**
  모든 일에 열의와 성의를 다하면 반드시 행운이 찾아온다.

● **꽈리꽃이 들판에 상긋하게 피어 있는 꿈**
  사람을 만나 좋은 인연을 맺고 즐거움을 갖는다.

● **꽈리 껍질이 열리면서 주황색의 영롱한 열매가 빛나는 꿈**
  새 생명의 탄생, 창조·발명·출판·창업 등의 행운이 온다.

● **꽈리열매가 큰 그릇 안에 가득 담겨 있는 꿈**
  집안에 재물과 돈이 생기고 먹을 것이 풍성하게 들어온다.

● **꽈리열매가 담장 밑에 많이 열려 있는 꿈**
  재물, 돈이 생기고 횡재를 하고 자식들에게 기쁜 일이 있다.

● **무덤 위에 할미꽃이 곱게 피어 있는 꿈**
  집안에 경사스런 일이 있고 재물과
  돈이 들어올 행운이 찾아온다.

- **입에 꽈리를 물고 소리를 내는 꿈**
  하는 일마다 순조롭게 잘 풀린다. 강의·토론·회의 등이 있다.

- **꽈리꽃이 집의 뜰 안에 곱게 피어 있는 꿈**
  집안에 경사가 찾아오고 기쁜 소식이 들어온다.

- **연못가에 수국화꽃이 활짝 피어 있는 꿈**
  새로운 작품을 창작해 매스컴을 통해 세상에 알려지게 된다.

- **수국화꽃을 한아름 안고 있는 꿈**
  친구나 애인을 만나 선물을 서로 주고 받는다.

- **수국화꽃을 윗사람으로부터 받는 꿈**
  신변에 선물, 재복, 경사 등이 찾아온다.

- **수국화꽃다발이 안방 문갑 위에 놓여 있는 꿈**
  집안에 경사가 찾아오고 재물이 생기는 행운이 찾아온다.

- **수국화꽃이 책상 위에 곱게 피어 있는 꿈**
  학생은 성적이 오르고, 회사원은 참신한 창의성을 계발하는 기회가 있다.

● 눈에 해당화꽃이 환하게 보이는 꿈
 작품 감상·명화·관람·아이디어·희망 등이 찾아온다.

● 해당화꽃을 친구로부터 받는 꿈
 선물·상훈장·임명장·재물·돈·계약·수주 등이 있다.

● 해당화꽃이 교실 안에 활짝 피어 있는 꿈
 세미나, 모임 등을 갖는 기회가 있다.

● 어떤 사람으로부터 튤립꽃을 받는 꿈
 선물과 사랑의 고백을 받게 된다. 임명장·재물·횡재 등이 있을 징조이다.

● 튤립꽃이 탁자 위에 놓여 있는 꿈
 문서로 인하여 기쁜 일이 있고 사랑의 증표가 돋보이게 된다.

● 꽃병에 튤립꽃을 꽂는 꿈
 신변에 사랑, 행복이 찾아온다.

● 튤립꽃이 맑은 호숫가에 곱게 피어 있는 꿈
 학문과 진리를 탐구하고 집 안에 경사, 행운이 찾아온다.

- **튤립꽃을 윗사람으로부터 받는 꿈**
  경사·명예·승진·당선·합격·입학·자격취득·선물 등이 있다.

- **튤립꽃이 서재에 곱게 피어 있는 꿈**
  두뇌계발, 발명, 연구, 창작 등의 행운이 있다.

- **튤립꽃다발을 가슴에 안고 있는 꿈**
  친구나 애인을 만나 포옹을 한다.

- **해당화꽃이 창 너머로 화려하게 보이는 꿈**
  집에 친척이나 귀한 손님이 찾아온다. 정보나 기쁜 소식을 듣는다.

- **정원에 카네이션이 곱게 피어 있는 꿈**
  집안에 기쁜 일이 있다. 그리고 혼사, 행운 등이 찾아온다.

- **카네이션이 궁궐에 활짝 피어 있는 꿈**
  집안에 경사스런 일이 일어나고 부귀영화를 누리게 된다.

- **하얀 카네이션이 서재에 피어 있는 꿈**
  학문을 탐구하거나 새로운 문예작품을 창작하게 된다.

● 친구로부터 붉은 카네이션을 받는 꿈
친구나 사랑하는 애인으로부터 사랑의 선물을 받는다.

● 함박꽃이 공원의 화단에 활짝 피어 있는 꿈
명예·정보·기쁜 소식·만남·창작·전시회·모임 등이 있다.

● 함박꽃을 윗사람으로부터 선물받는 꿈
신변에 재물과 돈이 들어오며 선물, 임신 등 경사가 생긴다.

● 해바라기가 함박꽃으로 변하는 꿈
굳게 믿었던 친구나 애인이 등을 돌리게 된다.

● 거름 위에 함박꽃이 곱게 피어 있는 꿈
재물과 돈이 들어온다. 그리고 사업 성취의 행운이 찾아올 징조이다.

● 선인장꽃이 동굴에 곱게 피어 있는 꿈
연구·발명·창조·아이디어·경사·재물 등이 찾아온다.

● 선인장꽃이 길 모퉁이에 곱게 피어 있는 꿈

친구 또는 애인을 우연히 길가에서 만난다.

● **선인장꽃이 숲 속에 피어 있는 꿈**
많은 사람들 앞에서 자신을 과시하거나 연설하게 된다.

● **선인장꽃이 높은 산봉우리에 활짝 피어 있는 꿈**
마침내 어려운 역경을 딛고 정상에 오른다.

● **무궁화꽃이 학교의 꽃밭에 활짝 피어 있는 꿈**
학생은 학업성적이 올라 장학금을 받는다.

● **무궁화꽃이 피었다가 지는 꿈**
기쁨과 슬픔, 사랑 등이 번갈아 신변에 나타난다.

● **무궁화꽃을 애인으로부터 받는 순간 꽃잎이 시든다.**
신변에 희비가 엇갈리며 바라던 꿈이 깨어진다.

● **무궁화꽃이 샘가에 활짝 피어 있는 꿈**
집안에 경사 · 승진 · 당선 · 합격 등의 행운이 찾아온다.

● **치마 속으로 무궁화꽃이 들어오는 꿈**
태몽이며, 부인과 새댁은 임신하여 딸을 낳는다.

- **바위틈 사이에 선인장꽃이 곱게 피어 있는 꿈**

  마침내 학문·문학·예술작품 등의 참신한 자료를 연구하여 발표한다.

- **국화꽃이 산자락에 활짝 피어 있는 꿈**

  윗사람의 도움을 받아 바라던 일을 성취하고 입신, 양명하게 된다.

- **대문 앞에 국화꽃으로 만든 화환이 보이는 꿈**

  신변에 새로운 일거리가 나타나 바쁘다.

- **국화꽃이 바람을 타고 하늘로 점점 오르는 꿈**

  명예·승진·당선·합격·입학·취직·성공·재물 등의 행운이 찾아온다.

- **친한 사람으로부터 국화꽃을 받는 꿈**

  자신이 새롭게 다시 태어나며 선물, 재물, 돈 등이 찾아온다.

- **코스모스꽃이 길가에 활짝 피어 있는 꿈**

  집안에 경사, 기쁜 일이 찾아오는 행운이다.

- **코스모스꽃이 절 입구에 피어 있는 꿈**
  신변에 인연·만남·의식·경사 등이 찾아온다.

- **코스모스꽃이 등산길에 활짝 피어 있는 꿈**
  당선·합격·학위·취직·입학·성공·승리 등의 행운이 있다.

- **코스모스꽃이 가로등 밑에 활짝 피어 있는 꿈**
  힘이 있는 사람을 만나 도움을 받아 마침내 성공을 하게 된다.

- **금덩어리가 갈대밭 속에 반짝거리는 꿈**
  신변에 횡재·재복·경사·발명·발굴 등의 행운이 찾아온다.

- **갈대꽃이 바람에 날리는 꿈**
  자신의 마음이 마치 갈대와 같이 흔들린다.

- **새순이 갈대잎 속에 돋아나는 꿈**
  자신에게 새로운 삶이 솟구치는 계기가 찾아온다.

- **늦가을 갈대밭에 앉아 있는 꿈**
  추억, 여행 등이 찾아온다.

- **갈대잎이 푸르고 무성하게 보이는 꿈**
  오랫동안 심혈을 기울여 예술작품을 창작해 전시회에 출품한다. 구경·관람·감상 등을 한다.

- **갈대잎이 바람결에 흩날리는 꿈**
  자신에 처해 있는 모든 것이 어렵고 많은 시련을 겪게 된다.

- **담쟁이 덩굴이 백송나무 가지를 타고 오르는 꿈**
  학생은 학업성적이 올라 마침내 장학생이 된다.

- **담쟁이 덩굴이 집의 담을 타고 푸르게 뻗는 꿈**
  집안에 경사스런 일이 있고 혼사, 희소식이 찾아온다.

- **담쟁이 덩굴이 궁궐의 담을 타고 오르는 꿈**
  신변에 권력·출세·명예 등으로 큰 일을 성취한다.

- **코스모스꽃이 우물가에 곱게 피어 있는 꿈**
  과학·예술·의학 등에 관한 연구를 한다.

- **열매가 담쟁이 덩굴에 주렁주렁 달려 있는 꿈**

재물·횡재·선물·식복·운수대통·임신 등이 찾아온다.

● **수선화꽃이 약수터에 아름답게 피어 있는 꿈**
문예작품을 창작하거나 집안에 경사스런 행운이 찾아온다.

● **수선화 꽃다발을 윗사람으로부터 받는 꿈**
자신에게 우편물, 전화, 손님이 찾아온다.

● **책상 위에 수선화꽃이 피어 있는 꿈**
학문의 진리를 깨닫는 행운이 찾아오는 길조이다.

● **동백꽃이 돌담 밑에 피어 있는 꿈**
집안에 경사스런 일이 있고 명예, 행운이 찾아온다.

● **동백꽃이 오솔길에 활짝 피어 있는 꿈**
우연히 사람을 만나 좋은 인연을 맺게 된다.

● **동백꽃이 달빛 아래 피어 있는 꿈**
학문과 진리를 탐구하거나 빼어난 문학작품을 발표한다.

● **동백꽃이 지고 열매가 열려 있는 꿈**

자신이 하는 일에 돈이 생기는 행운이 찾아온다.

● **동백꽃이 돌담 밑에 활짝 피어 있는 꿈**
　힘이 있는 사람을 우연히 만나 도움을 받아 사업과 일이 날로 번창한다.

● **다알리아꽃이 호숫가에 피어 있는 꿈**
　신변에 행운, 만남, 사랑 등이 서서히 다가온다.

● **윗사람으로부터 다알리아 꽃다발을 받는 꿈**
　자신이 추구하던 일로 마침내 재물이 들어온다.

● **입학, 졸업식 때 다알리아 꽃다발을 받는 꿈**
　재물 · 횡재 · 음식 · 상품 · 수입 · 혼사 · 물물교환 등이 있다.

● **방 안에 다알리아꽃이 활짝 피어 있는 꿈**
　집안에 경사스런 일이 있다. 그리고 희소식, 출산을 하게 된다.

● **다알리아꽃이 응접실에 아름답게 피어 있는 꿈**
　집안에 경사, 세미나 · 토론 · 동창회 · 모임 등이 있다.

- **책상 위에 난초꽃이 산뜻하게 피어 있는 꿈**
  자신의 기억력이 되살아나고 학생은 성적이 오른다.

- **난초꽃이 샘터에 곱게 피어 있는 꿈**
  학문과 명예, 승진, 당선, 합격, 입학, 행운 등이 찾아온다.

- **난초꽃이 방 안의 화분마다 피어 있는 꿈**
  집안에 경사스런 일이 있고 결혼·기쁨 등의 행운이 찾아온다.

- **난초 향기가 바람을 타고 향긋한 냄새가 풍기는 꿈**
  신변에 새로운 정보나 우편물, 전화, 만남 등이 있다.

- **동백꽃이 시궁창 속에 활짝 피어 있는 꿈**
  온갖 어려움을 딛고 마침내 자신의 뜻을 화려하게 펼친다.

- **난초밭에 앉아 있는 꿈**
  동창회·축하파티·망년회 등 즐거운 모임을 갖는다.

- **응접실에 난초꽃이 피어 있는 꿈**
  만남·계약·조약·합의·세미나·행운 등이 찾아온다.

- **백합꽃이 해바라기꽃이 되는 꿈**
  굳게 믿었던 친구나 애인이 등을 돌리게 된다.

- **백합꽃 속에 영롱한 옥이 반짝거리는 꿈**
  집안에 경사·혼담·명예·재물·승진·당선·합격·성공 등이 찾아오는 행운이 있다.

- **방 안에 백합꽃이 활짝 피어 있는 꿈**
  집안에 기쁜 일이 있거나 돈이 들어온다.

- **백합꽃다발을 한아름 안고 있는 꿈**
  신변에 경사·선물·재물·상봉·결혼·당선·합격·승진 등이 있다.

- **백합꽃을 꺾어 품안에 넣는 꿈**
  태몽으로 부인과 새댁은 임신하여 장차 선녀 같은 딸을 낳게 될 징조이다.

- **백합향기가 그윽한 꿈**
  기분이 상쾌하고 새로운 정보와 기쁜 소식을 듣게 된다.

- **숲 속에 푸르름이 가득 찬 꿈**
  빼어난 문예작품을 창작하거나 역사를 연구하게 된다.

- **사방으로 큰 나뭇가지가 푸르게 뻗어 있는 꿈**
  자신이 하는 일이 모두 순조롭게 잘 풀린다.

- **숲 속에 수많은 나무의 밑동이 베어진 꿈**
  감원·실패·사고·죽음·파면·재난 등의 불운이 찾아온다.

- **샘물을 숲 속에서 발견하는 꿈**
  학문을 통해 마침내 새로운 자료를 발견한다.

- **나뭇가지를 꺾어 집으로 돌아오는 꿈**
  문예작품의 자료를 얻거나 수입·견본·재물 등이 찾아온다.

- **귀금속을 수풀 속에서 발견하는 꿈**
  신변에 횡재, 재물, 돈 등 재복과 행운이 찾아온다.

- **호랑이를 숲 속에서 만나는 꿈**
  힘이 있는 사람을 만나 하는 일에 큰 성과를 얻게 된다.

- **호랑이 새끼를 수풀 속에서 얻는 꿈**
  태몽이다. 부인과 새댁은 임신을 하여 귀한 아들을 낳는다.

- **숲 속에서 낮잠을 자는 꿈**
  기분이 몹시 상쾌하고 한가롭게 마음의 여유를 갖는다.

- **백합꽃을 맑은 물 위에서 건져내는 꿈**
  신변에 횡재, 경사 그리고 사랑과 행운을 낚는다.

- **수풀이 불에 타는 꿈**
  운수가 대통하고 횡재, 재물, 돈 등이 찾아오는 행운이 있을 좋은 징조이다.

- **숲 속에서 매미 울음소리가 들리는 꿈**
  신변에 새로운 정보와 희소식을 듣는다.

- **구미호를 수풀 속에서 만나 따라가는 꿈**
  온갖 주색잡기에 빠져 처자식을 잊고 방황한다.

- **수풀 속에서 아름다운 꽃이 활짝 피어 있는 꿈**
  참신한 아이디어로 마침내 신상품을 개발한다.

- **숲 속에 길이 환히 트인 꿈**
  온갖 어려운 일들이 사라지고 마침내 광명이 보인다.

- **누런 열매가 나뭇가지마다 주렁주렁 달려 있는 꿈**
  생산・농업・유통・무역업 등에 많은 돈을 벌게 된다.

- **집 안에 있는 나뭇가지가 문 밖으로 뻗어 있는 꿈**
  여행 그리고 하는 일마다 몹시 분주하다.

- **푸른 솔잎을 뜯어 집으로 돌아오는 꿈**
  새로운 자료를 수집하거나 귀중한 자료를 얻는다.

- **소나무꽃이 곱게 피어 있는 꿈**
  자신의 두뇌계발을 통해 문예작품을 창작하게 된다.

- **소나무에 푸른 솔방울이 많이 달려 있는 꿈**
  사업의 발전, 투자효과, 임신, 정신발달, 명예 등이 찾아온다.

- **샘터에 푸른 소나무가 아름답게 보이는 꿈**
  오래 된 문헌 속에서 마침내 귀중한 자료를 얻게 된다.

- **밤을 주워 집으로 돌아오는 꿈**
  태몽으로 부인과 새댁은 임신을 하여 아들을 낳는다.

- **밤꽃이 활짝 피어 꽃동산을 이룬 꿈**

사업에 투자한 것이 날로 번창하고 신상품을 개발하여 시장을 점유한다.

● **밤나무 밑에서 떨어지는 밤을 손으로 받는 꿈**
수주·관급·도급·경매물 등의 입찰을 받게 되는 행운이 찾아온다.

● **밤나무 위에 올라가 밤송이를 따는 꿈**
임신·횡재·재물·돈·수입·물품·상거래 등이 찾아온다.

● **밤송이를 많이 까는 꿈**
신상품을 개발하여 상거래, 생산성 효과 등으로 자신의 앞날에 큰 발전을 가져다 준다.

● **소나무 가지가 구부러져 땅으로 드리운 꿈**
작품 감상, 신묘한 예술적인 조화 등이 찾아온다.

● **선산의 밤나무가 푸르게 보이는 꿈**
조상·부모·직장 상사·윗사람 등으로부터 많은 도움을 받는 일이 찾아온다.

- **감나무에 올라가 감을 따는 꿈**
  입학·승진·당선·합격·학위·성공·재물 등이 찾아올 징조이다.

- **감꽃이 아름답게 피어 있는 꿈**
  명예·재물·돈·횡재·행운·사랑 등의 행운이 찾아온다.

- **곶감 꼬치에서 곶감을 하나씩 빼먹는 꿈**
  고생하여 모은 재물을 쉽게 없애버리거나 모두 탕진한다.

- **사과를 많이 따가지고 집으로 돌아오는 꿈**
  객지에 나가 장사해서 돈을 많이 벌어서 집으로 돌아온다.

- **사과를 자동차에 가득 싣고 달리는 꿈**
  생산·농업·무역·유통·가공업 등에 투자하여 성공한다.

- **사과나무에 올라가 사과를 따먹는 꿈**
  자신이 어떤 상황을 펼치느냐에 따라 행복과 불행이 엇갈린다.

- **사과를 쪼개놓고 말다툼하는 꿈**

부모의 유산을 놓고 형제간에 싸움을 벌이게 된다.

● **사과 한 상자를 선물로 받는 꿈**
친구로부터 선물을 받게 되거나 재물과 먹을 것이 들어온다.

● **보리수나무 가지에서 열매를 따는 꿈**
돈·물품·명예 등을 얻어 소원을 성취하게 될 좋은 징조이다.

● **잣송이에서 잣이 나오는 꿈**
어떤 연구, 사실의 규명, 발굴 등이 찾아온다.

● **대추나무 밑에서 처녀가 떨어지는 대추알을 받는 꿈**
곧 혼담이 들어와 훌륭한 신랑감을 만나고 부녀자는 아들을 낳는다.

● **대추나무에 풋대추가 열려 있는 꿈**
마침내 크게 이름을 떨쳐 재물, 돈이 찾아온다.

● **대추를 수확하는 꿈**
생산·농업·식품·무역·유통업 등에 종사한 사람은 큰 성과를 올리게 된다.

- **대추 한 자루를 어깨에 메고 집으로 들어오는 꿈**
  횡재·물품·수입·일거리·책임 등이 찾아온다.

- **대추를 수확하여 멍석 위에 말리는 꿈**
  신상품을 개발하여 시장에 출하하고 자신의 선전·광고·명예·과시 등을 마음껏 한다.

- **노인으로부터 예쁜 사과 한 알을 받는 꿈**
  태몽으로 부인과 새댁은 임신을 하여 예쁜 딸을 낳는다.

- **큰 잣나무 가지를 잡고 있는 꿈**
  힘이 있는 사람을 만나 마침내 새로운 발전을 가져다 준다.

- **잣나무를 타고 올라가 잣송이를 따는 꿈**
  사업에 투자하여 많은 돈을 벌게 되고 당선·합격·성공 등의 행운이 찾아온다.

- **윗사람으로부터 잣송이를 받는 꿈**
  여러 가지 자격증이나 횡재·재물·돈·선물·낙찰 등의 행운이 찾아온다.

- **땅에 잣나무를 심는 꿈**
  교육, 투자, 연구 등이 찾아오거나 건물을 개축하는 일이 있다.

- **그릇 안에 잣알이 수북한 꿈**
  집안에 물질이 풍요롭고 적금·목돈·식복 등이 찾아온다.

- **배나무 한 가지에만 배가 주렁주렁 달려 있는 꿈**
  독점사업으로 엄청난 떼돈을 벌고 마침내 부를 축적하게 될 좋은 징조이다.

- **배와 잎을 따서 그릇에다 가득 담는 꿈**
  사업에 투자한 것이 크게 번창하게 된다. 재물과 돈이 생길 징조이다.

- **탐스런 배 두 개를 윗사람으로부터 받는 꿈**
  신변에 횡재·재물·수주·하청·낙찰·선물·혼사·식복 등이 있다.

- **방에서 잣불을 켜놓은 꿈**
  집안에 경사스런 일이 찾아오고 운수가 대통하게 된다.

- **배꽃이 활짝 피어 있는 꿈**
  집안에 경사스런 일이 있고 승진·당선·합격 등 행운이 찾아온다.

- **포도 한 송이를 훔쳐서 몸 속에 감추는 꿈**
  태몽으로, 부인과 새댁은 임신을 하여 훌륭한 자식을 낳는다.

- **포도나무 가지마다 꽃이 활짝 핀 꿈**
  명예·경사·승진·당선·합격·입학·성공·행운 등이 찾아온다.

- **복숭아 나뭇가지에서 복숭아를 따는 꿈**
  횡재·재물·돈·수입 등이 생기는 행운이 찾아온다.

- **복숭아밭에서 복숭아 한 알을 얻어 가슴속에 품는 꿈**
  부인과 새댁은 임신을 하여 예쁜 딸을 낳는 태몽이다.

- **포도나무에서 잘 익은 포도송이를 따는 꿈**
  돈·횡재·수입·수주·하청·낙찰·수확·임신 등의 행운이 찾아온다.

● **과도로 복숭아를 잘라 보니 속에서 영롱한 옥이 나오는 꿈**
  신변에 연구·발명·발견·발굴·횡재·재물·돈·행운 등이 찾아온다.

● **아카시아꽃 향기가 그윽한 꿈**
  학문을 탐구하고 문예작품을 창작하게 된다.

● **아카시아꽃이 정원에 활짝 피어 있는 꿈**
  집안에 경사와 행운이 찾아오고 부귀영화를 누린다.

● **아카시아꽃이 환하게 보이는 꿈**
  친구나 사랑하는 애인을 만난다.

● **아카시아 숲 속을 헤집고 다니는 꿈**
  하는 일마다 계속 꼬여 고생을 하게 된다.

● **아카시아꽃 속에 파묻혀 단꿈을 꾸는 꿈**
  즐거운 일로 집생각을 잊는다. 취미생활을 한다.

● **아카시아 나무에 올라가 노래를 부르는 꿈**
  모든 일들이 순조롭게 잘 풀린다. 연설, 강의가 있다.

● **아카시아 꽃잎이 지는 꿈**

한때의 화려함이 사라지고 하는 일에 중단, 실패가 잇따를 징조이다.

● **아카시아 나무 위에서 까치가 우짖는 꿈**
친척이나 친구, 애인을 만나게 된다.

● **딸기를 따서 앞치마에 가득 담는 꿈**
부인과 새댁은 임신을 하여 예쁜 딸을 낳는 태몽이다.

● **길을 걷다가 산딸기를 발견하는 꿈**
뜻밖에 많은 돈이 들어오고 참신한 아이디어 등이 찾아온다.

● **윗사람으로부터 선물로 딸기 상자를 받는 꿈**
선물・횡재・돈・먹거리・학위・계약・위탁 등이 찾아온다.

● **딸기를 집안 식구들과 맛있게 먹는 꿈**
온 집안 식구들이 병치레를 하게 되는 흉몽이다.

● **딸기밭에 들어가는 꿈**
어떤 일로 몹시 바쁘게 뛰거나 입학・입사・출전 등을 하게 된다.

● **딸기꽃이 곱게 피어 있는 꿈**
 명예·승진·당선·합격 등과 혼담이 들어온다.

● **산딸기나무에 꽃이 활짝 피어 있는 꿈**
 집안에 경사스런 일이 생기고 부귀영화를 누리게 된다.

● **살구꽃을 꺾어 집으로 돌아오는 꿈**
 집안에 경사스런 일이 있고 정보·명예·재물 등이 생기다.

● **윗사람으로부터 살구씨를 받는 꿈**
 부인과 새댁은 임신하여 옥동자를 낳는 태몽이다.

● **식탁 위에 먹음직스러운 딸기가 보이는 꿈**
 구경·감상·감정·여행·횡재 등의 행운이 있다.

● **살구나무 가지마다 열매가 달려 있는 꿈**
 사업에 투자하여 돈을 많이 벌어 마침내 부자가 된다.

● **살구나무에서 열매가 우수수 떨어져 흩어지는 꿈**
 형제간에 제각기 뿔뿔이 흩어지고 소송·이별·별거 등

불운이 찾아온다.

● **집의 출입구에 향나무가 서 있는 꿈**
집안의 잡귀를 내쫓고, 귀인 · 상봉 · 행운 등이 찾아온다.

● **정원의 큰 향나무를 톱으로 자르는 꿈**
집안에 계속해서 우환과 질병이 들끓게 된다. 그리고 하는 일에 실패가 따른다.

● **향나무꽃이 곱게 피어 있는 꿈**
학문과 진리를 탐구하여 마침내 사회에 크게 공헌하게 된다.

● **향나무 밑에 앉아 있는 꿈**
뜻밖에 행운이 찾아와 달콤한 사랑을 가져다 준다.

● **귤 속에서 영롱한 옥이 나오는 꿈**
창조 · 창작 · 발견 · 발명 · 횡재 · 재물 · 행운 등이 찾아온다.

● **귤의 수확량이 많은 꿈**
마침내 신상품을 개발하여 떼돈이 들어온다.

- **앞마당에 귤상자가 가득 쌓여 있는 꿈**
  재물과 돈이 들어와 물질적으로 몹시 풍요로워진다.

- **귤밭에서 귤을 따가지고 앞치마에다 담는 꿈**
  부인과 새댁은 임신을 하여 귀한 아들을 낳는 태몽이다.

- **귤이 점점 커지는 꿈**
  영세업으로 시작하여 돈을 많이 벌어 마침내 큰 기업으로 발전하게 된다.

- **은행알을 줍는 꿈**
  부인과 새댁은 임신하여 아들을 낳는 태몽이다.

- **은행을 가마니 속에 가득 담는 꿈**
  농수산업·유통·식품업 등에 투자하여 큰돈을 벌게 된다.

- **은행나무 가지마다 꽃이 활짝 피어 있는 꿈**
  신변에 연구, 경사, 행운 등이 찾아온다.

- **뽕잎을 따는 꿈**
  제조, 가공, 식품업 등에 투자하여 재물 등이 생긴다.

- **뽕나무 열매를 따서 그릇에 담는 꿈**
  집안에 재물과 돈이 생기고 먹을 것이 풍부하게 들어온다.

- **뽕나무 가지가 부러지는 꿈**
  집안에 우환이 발생하고 자신이 하는 일에 중단·실패가 따른다.

- **은행잎을 책갈피에 끼여 넣는 꿈**
  자신의 새로운 아이디어로 신상품을 개발한다.

- **뽕잎이 땅에 떨어져 흩날리는 꿈**
  신변에 쓸데없는 지출이 많고 이별·분산 등이 찾아온다.

- **뽕잎마다 벌레가 갉아먹어 누렇게 된 꿈**
  집안에 도둑을 맞거나 평소 가까운 사람에게 사기를 당한다.

- **정원에 있는 뽕나무를 톱으로 자르는 꿈**
  집안에 우환이 찾아오고 하는 일에 실패하게 된다.

- **누에고치에서 뽑아낸 실이 금빛 찬란한 꿈**
  자신의 새로운 아이디어로 신상품을 개발한다.

- **등나무로 만든 의자에 앉아 있는 꿈**
  직장에서 승진하거나 명예가 따르는 행운이 찾아온다.

- **등나무 한 쌍이 지주목을 타고 올라가 서로 갈리지는 꿈**
  한때 부부가 오순도순 살았으나 중도에 별거와 이혼을 하게 될 징조이다.

- **등나무순이 전봇대를 타고 올라가는 꿈**
  신변에 승진·당선·합격 등 기쁜 일이 찾아오게 된다.

- **등나무가 옆집 나뭇가지를 타고 오르는 꿈**
  가까운 이웃의 남녀가 눈이 맞아 달콤한 사랑을 나눈다.

- **등나무 밑에서 낮잠을 자는 꿈**
  뜻밖에 귀인을 만나 도움을 받는 일이 생긴다.

- **등나무 덩굴이 담장을 타고 집 주위에 뻗어 있는 꿈**
  집안에 경사가 찾아오고 사랑과 행복이 온다.

- **정원에 오동나무를 심는 꿈**
  집안에 경사스런 일로 새식구를 맞이하게 된다.

- **오동나무 재료로 만든 함이 보이는 꿈**

윗사람의 도움을 받아 큰 사업을 이루고 마침내 성공한다.

● **오동나무 가지마다 꽃이 활짝 피어 있는 꿈**
 집안에 경사, 행운 등이 찾아오는 좋은 징조이다.

● **오동나무 열매를 따는 꿈**
 사업으로 큰돈을 벌어서 마침내 부자가 된다.

● **사철나무 큰 가지가 부러지는 꿈**
 하는 일에 어려움을 겪거나 불합격·실패·사고 등이 찾아온다.

● **집 담장 밑에 사철나무를 여러 그루 심는 꿈**
 신변에 사업투자·채용·공사 등을 하게 된다.

● **사철나무 열매가 빛이 나는 꿈**
 마침내 신상품을 개발하여 국내외 시장에 출하하게 된다.

● **하얀 눈밭 속에 사철나무가 짙푸르게 보이는 꿈**
 새로운 아이디어로 창조, 발견을 하게 된다.

- **메마른 땅에 죽순이 돋아나는 꿈**
  온갖 어려움을 딛고 희망찬 내일을 꿈꾸게 된다.

- **대나무밭에서 대순을 따는 꿈**
  사업에 투자하여 큰 성과를 올리고 재물과 돈이 들어온다.

- **대나무 숲 속으로 들어가는 꿈**
  입학·승진·당선·합격·학위·취직·연구·발명·창작 등이 있는 행운이 찾아온다.

- **대나무지팡이를 짚고 곡하는 꿈**
  집안에 우환이 들끓는 좋지 않은 징조이다.

- **대나무 가지마다 꽃이 곱게 피어 있는 꿈**
  신변에 기쁜 일이 생긴다. 창작·발견·행운 등이 찾아온다.

- **앵두알을 앞치마에다 담는 꿈**
  부인과 새댁은 임신을 하여 예쁜 딸을 낳는 태몽이다.

- **앵두꽃이 환하게 보이는 꿈**
  마침내 아름다운 문예작품을 창작하고, 만남이 있다.

- **앵두나무 가지를 꺾는 꿈**
  재물과 돈이 생기고 먹을 것이 들어온다. 그리고 구입·소유·횡재가 있다.

- **앵두밭으로 들어가는 꿈**
  새로운 사업에 투자하여 바쁘게 일한다.

- **손바닥에 앵두알이 소복한 꿈**
  신변에 뜻밖의 돈이 생겨 즐긴다. 그리고 재물, 선물, 티켓 등이 생긴다.

- **앵두밭에 앉아 깊이 생각하는 꿈**
  사업에 투자하기 전에 여러 모로 채산성을 따지게 된다.

- **모과를 모르는 사람으로부터 받는 꿈**
  신변에 횡재, 재물, 돈, 물품 등 선물이 생긴다.

- **푸른 모과가 가지마다 가득 열려 있는 꿈**
  신규사업에 큰 사업성과를 올리고 날로 번창하게 된다.

- **모과 한 개를 칼로 여러 쪽으로 자르는 꿈**
  주식, 부동산에 투자한 것이 뜻밖에 호황을 맞는다.

- **모과나무를 타고 친구들과 같이 올라가 먼저 열매를 따는 꿈**
  경쟁력·횡재·재물·돈·수주·투자·레저 등에 큰 행운이 찾아온다.

- **모과를 따서 그릇에다 담는 꿈**
  생산·무역·농수산·유통·가공업 등에 투자하여 마침내 큰돈을 번다.

- **바나나를 얻는 꿈**
  부인과 새댁은 임신을 하여 귀한 아들을 낳는 태몽이다.

- **앵두알이 그릇에 가득 담아 있는 꿈**
  집안의 경사스런 잔치로 많은
  한음식을 장만하게 된다.

- **바나나 껍질을 벗기고 들여다보는 꿈**
  신변에 연구·발명·발굴·검사·감정 등의 행운이 찾아온다.

- **앞마당에 바나나를 가득 쌓아놓은 꿈**
  영세사업자는 사업으로 마침내 일확천금을 얻게 된다.

- **꽃이 바나나 가지에 곱게 피어 있는 꿈**

창작·명예·연구·경사·기쁨·행운 등의 행운이 찾아온다.

● **바나나 가지에서 새순이 돋아나는 꿈**
창조·입학·교육·양육·창작·창업·아이디어·발명·정신발달 등의 행운이 찾아온다.

● **단풍나무가 울긋불긋 화려하게 물들은 꿈**
참신한 아이디어로 신상품을 개발하여 시장에 출하하게 된다.

● **단풍잎이 수북하게 쌓인 꿈**
오래 된 자료 속에서 새로운 자료를 수집한다.

● **단풍나무를 심는 꿈**
어떤 사업에 착수하고 입학, 취직에는 좋은 징조이다.

● **단풍잎이 변해 문서가 되는 꿈**
하는 일에 기쁜 일이 생기고 좋은 결과를 얻게 된다.

● **참나무꽃이 활짝 피어 있는 꿈**
온갖 어려움을 딛고 마침내 큰 일을 성취하게 된다.

- **참나무 가지에 도토리가 많이 달려 있는 꿈**
 생산 및 식품업에 투자한 것이 날로 크게 번창한다.

- **그릇에 담은 도토리를 쥐가 물어 가는 꿈**
 재물과 돈이 나가고 집에 좀도둑을 맞게 된다. 그리고 우환을 조심해야 한다.

- **참나무 장작을 많이 쌓는 꿈**
 온갖 어려움을 딛고 노력한 끝에 마침내 큰돈을 손에 쥔다.

- **참숯으로 불을 지피는 꿈**
 신변에 횡재 · 재물 · 돈 · 사업 · 투자 · 생산 · 계약 등 운수가 대길하다.

- **참나무 가지 위에 둥지를 짓는 꿈**
 신변에 신축 공사나 새로운 일을 착수하게 된다.

- **석류가 터져 점점 벌어지는 꿈**
 모임에서 연설하거나 토론 · 대화 · 상담 등이 있다.

- **잘 익은 석류를 따는 꿈**
 생산, 식품, 유통업 등에 투자해 큰돈을 벌어 부자가 된다.

- **참나무 밑에서 산신령을 만나는 꿈**
  힘이 있는 사람의 도움을 받아 그간 하지 못했던 일을 성취할 징조이다.

- **석류꽃이 활짝 피어 있는 꿈**
  명예 · 경사 · 창작 · 승진 · 합격 · 당선 · 입학 · 봉사 · 상담 등의 행운이 찾아온다.

- **석류나무 가지에 흰꽃이 곱게 피어 있는 꿈**
  연구 · 발명 · 발굴 · 명예 · 부귀 · 출세 · 승진 · 합격 등이 찾아온다.

- **길가의 수양버들잎을 잡고 있는 꿈**
  뜻밖에 사람을 만나 좋은 인연을 맺는다.

- **버드나무를 타고 올라가는 꿈**
  신변에 합격 · 승진 · 당선 · 성공 등의 행운이 찾아온다.

- **버들피리를 부는 꿈**
  평소 자신이 마음먹은 대로 소원 성취하게 된다.

- **버들잎이 길가에 떨어져 흩날리는 꿈**

의류 · 종이 · 목재 등 불경기가 찾아온다.

● **버드나무 사이로 태양이 떠오르는 꿈**
명예 · 부귀 · 승진 · 당선 · 합격 · 입학 · 성공 등의 큰 행운이 찾아온다.

● **밭에서 배추를 뽑아 집으로 돌아오는 꿈**
부인과 새댁은 임신을 하여 예쁜 딸을 낳는 태몽이다.

● **배추속이 꽉 차게 보이는 꿈**
어떤 일이 있어도 맡은 바 임무를 철저히 수행하게 된다.

● **배추를 소금물에 절이는 꿈**
자신의 지식과 경험을 축적하여 희망찬 내일을 맞이한다.

● **시장에서 배추를 사오는 꿈**
부인과 새댁은 임신을 하여 어진 딸을 낳는 태몽이다.

● **배추를 마당에 가득 쌓아놓는 꿈**
집안에 재물과 돈이 생겨 물질이 몹시 풍요롭다.

● **배추씨를 파종하는 꿈**
각종 사업에 투자하여 내일의 희망에 부풀게 된다.

- **무를 맑은 물에 씻는 꿈**
  자신의 사업이 잘 되며 마침내 재물과 돈이 들어온다.

- **칼로 무를 자르는 꿈**
  임산부는 유산이나 임신중독이 생기고, 사업가는 실패수가 찾아온다.

- **무를 썰어서 깍두기 감으로 만드는 꿈**
  생산·소비·지출·실패 등이 찾아오며 부모의 유산을 놓고 형제간에 다툰다.

- **배추를 맑은 물에 씻는 꿈**
  자신의 모든 잡념을 떨쳐버리고 깨끗한 마음을 갖는다.

- **무를 차에 가득 싣는 꿈**
  횡재·재물·돈·물품·식복 등으로 재수가 대길하다.

- **밭에 무꽃이 활짝 피어 있는 꿈**
  소비자의 취향에 맞는 신상품을 개발하여 시장에 출하한다.

- **무가 점점 커져 전봇대만큼 자라는 꿈**

영세업이 마침내 대기업으로 성장하게 된다.

● **푸른 파단이 마당에 수북이 쌓여 있는 꿈**
재물·돈·횡재·물품·식복·사업·일거리·무역 등의 행운이 찾아온다.

● **하얀 파뿌리가 길게 보이는 꿈**
수명이 장수한다. 그리고 환자에게는 길몽이다.

● **집의 텃밭에 파를 모종하는 꿈**
집안에 살림살이를 장만하거나 자손에게 돈을 쓸 일이 생긴다.

● **빛깔이 선명한 육쪽마늘이 보이는 꿈**
신변에 재물과 돈이 생기고 먹을 것이 들어온다.

● **마늘을 하나씩 쪼개 분리하는 꿈**
부모가 남겨준 유산을 합의에 의하여 똑같이 나누어 갖는다.

● **마늘이 큰 그릇에 가득 담겨 있는 꿈**
집안에 재물과 돈이 생기게 되는 행운이 찾아온다.

- **마늘을 광에 저장하는 꿈**
  금융기관에 적금을 들게 된다.

- **마늘을 얻어 집으로 오는 꿈**
  부인과 새댁은 임신을 하여 똑똑한 아들을 낳는 태몽이다.

- **고추밭에 들어가 붉고 큰 고추를 따가지고 나오는 꿈**
  부인과 새댁은 임신을 하여 자식을 낳는 태몽이다.

- **고추나무에서 붉은 고추가 땅에 떨어지는 꿈**
  임산부는 유산하거나 임신중독으로 병원 출입이 잦아질 징조.

- **생강 껍질을 벗기는 꿈**
  자신이 참신한 인간이 된다. 그리고 참회와 반성을 한다.

- **생강 한 부대를 가지고 집으로 들어오는 꿈**
  집안에 재물과 돈이 생기게 되는 행운이 찾아온다.

- **상추와 쑥갓을 곁들여 그릇에 담아 놓는 꿈**
  결합 · 합의 · 결재 · 약속 · 언약 · 계약 등의 행운이 찾아온다.

- **온갖 음식을 차려놓은 상에 오직 쑥갓만 빠져 있는 꿈**
  각종 시험에 불합격이나 퇴직, 실패수가 찾아온다.

- **밭에서 상추잎을 따는 꿈**
  농업으로 돈을 벌게 되고, 부인이나 새댁은 딸을 낳는 태몽이다.

- **밭에 풋고추가 싱싱하게 보이는 꿈**
  부인과 새댁은 임신을 하며 아들을 낳는 태몽이다.

- **상추와 쑥갓으로 쌈밥을 맛있게 먹는 꿈**
  유행성 질환으로 병원 출입이 잦아질 좋지 않은 징조이다.

- **상추잎에 진딧물이 붙어 있는 꿈**
  집안에 질병과 우환이 찾아와 어려움을 겪게 된다.

- **오이밭에서 오이 두 개를 집으로 가져오는 꿈**
  부인과 새댁은 임신을 하여 머리가 명석한 아들 형제를 둔다.

- **오이가 광주리 안에 가득 담겨 있는 꿈**
  집안에 재물과 돈이 들어오는 행운이 찾아온다.

- **오이김치를 담그는 꿈**
  내일을 위해 금융기관에 적금을 든다.

- **애호박 하나를 사가지고 집으로 돌아오는 꿈**
  부인과 새댁은 임신을 하여 귀한 자식을 낳는 태몽이다.

- **호박꽃이 지붕 위에 피어 있는 꿈**
  집안에 경사스런 일이 생기고 부귀영화를 누리게 될 징조이다.

- **바구니 안에 호박이 가득 담겨 있는 꿈**
  오랫만에 물질적으로 풍요로움을 마음껏 맛보게 된다.

- **씨감자를 얻어오는 꿈**
  집안에 양자를 맞이하거나 또는 데릴사위를 맞이한다.

- **감자더미 위에 앉아 있는 꿈**
  횡재・재물・돈・물품・선물・식복・승진・당선・명예 등이 찾아온다.

- **자주색 가지꽃이 곱게 피어 있는 꿈**
  집안에 화기애애한 분위기가 감돌고 기쁜 일이 찾아온다.

- **흰 가지꽃이 피어 있는 꿈**
  자신이 새로운 문예작품을 창작하게 된다.

- **가지를 속옷이나 앞치마에 담는 꿈**
  온갖 노력 끝에 마침내 임신을 하여 귀한 자식을 낳는 태몽이다.

- **홍당무가 광주리 안에 가득 담겨 있는 꿈**
  집안에 돈이 생기고 먹을 것이 풍족하게 찾아온다.

- **홍당무가 곱게 보이는 꿈**
  뜻밖에 아름다운 애인을 만나게 된다.

- **홍당무를 훔쳐 옷 속에 넣는 꿈**
  부인과 새댁은 임신을 하여 새로운 스타를 낳는 태몽이다.

- **윗사람으로부터 양배추 하나를 받는 꿈**
  부인과 새댁은 임신을 하여 예쁜 딸을 낳는 태몽이다.

- **양배추를 도마 위에 놓고 썰어 놓는 꿈**
  임산부는 낙태 하거나 임신중독으로 고생을 하게 되는 꿈이다.

- **감자가 그릇에 가득 담겨 있는 꿈**
  재물이 생기고 평소 먹을 것이 많이 들어온고 재수가 대길하다.

- **양배추를 차에 가득 싣고 운반하는 꿈**
  경쟁력 있는 상품을 개발하여 외국시장에 수출하게 된다.

- **양배추가 뜰에 가득 쌓여 있는 꿈**
  집안에 재물과 돈이 밀물처럼 쏟아져 들어오는 행운이 있다.

- **때깔이 좋은 고구마를 그릇에 가득 담아 놓는 꿈**
  집안에 재물과 돈이 들어오는 행운이 찾아온다.

- **흙이 묻은 고구마를 맑은 물에 깨끗이 씻는 꿈**
  온갖 고생 끝에 마침내 훌륭한 일을 성취하게 된다.

- **고구마에 꽃이 활짝 피어 있는 꿈**
  신상품을 개발하여 인기가 높아 삽시간에 물건이 바닥난다.

- **방울토마토가 화분에 조롱조롱 매달려 있는 꿈**
  공동 투자하여 작은 재물의 몫을 노력한 만큼 받는다.

- **토마토밭에 노란꽃이 곱게 피어 있는 꿈**
  신상품이 인기가 있어서 불티나게 잘 팔린다.

- **토마토 주스 한 잔이 책상 위에 놓여 있는 꿈**
  학생은 새로운 아이디어가 솟아난다.

- **시금치를 맑은 물에다 깨끗이 씻는 꿈**
  자신의 마음을 바르게 닦아 옳고 선한 일을 하게 된다.

- **신선한 시금치 한 다발을 얻어 집으로 돌아오는 꿈**
  부인과 새댁은 임신을 하여 훌륭한 아들을 낳는 태몽이다.

- **쌀이 광에 가득 차 있는 꿈**
  횡재, 재물, 돈, 물품 등의 행운이 찾아와 마침내 엄청난 부를 축적한다.

- **흰쌀이 밥그릇에 수북이 담겨 있는 꿈**
  마침내 승진을 하거나 재수가 대통하게 된다.

- **쌀과 금은보화가 쌀독에 가득 들어 있는 꿈**
  큰돈이 생겨 돈방석에 앉게 되는 행운이 찾아온다.

- **쌀독이 텅 비어 있는 꿈**

집안에 우환으로 재물과 돈이 순식간에 나갈 징조이다.

● **호주머니 속에 쌀이 가득한 꿈**
용돈으로 인해 거드름을 피울 기회가 생긴다.

● **쌀독이 깨지는 꿈**
한때 누리던 부가 갑자기 사라지고 궁핍과 어둠이 찾아온다.

● **집터 위에 쌀낟알이 깔려 있는 꿈**
새로 집을 장만하거나 부동산에 투자하게 된다.

● **볏단에 불이 나는 꿈**
신변에 재물과 돈이 생기는 행운이 찾아온다.

● **길을 걷다가 토마토를 줍는 꿈**
뜻밖에 횡재를 하는 행운이
찾아온다.

● **보리밭에서 이삭을 줍는 꿈**
횡재 · 재물 · 돈 · 물품 등의 재복과 식복이 찾아온다.

● **보리쌀을 트럭에 가득 싣는 꿈**

신상품을 개발하여 외국시장에 수출하게 된다.

● **보리쌀이 멍석 안에 가득 담겨 있는 꿈**
신변에 재물과 돈이 생기거나 먹을 것이 풍부하게 생긴다.

● **보리타작을 하는 꿈**
신변에 많은 일거리로 몹시 바쁘게 된다.

● **밀이 그릇에 가득 담겨 있는 꿈**
집안에 재물과 돈이 생기고 먹을 것이 풍부하게 들어온다.

● **밀밭에 파란 싹이 돋아나는 꿈**
학생은 머리가 좋아져서 학업성적이 쑥쑥 오른다.

● **밀가루를 짊어지고 집으로 들어오는 꿈**
한 해 농사 지은 곡식을 저장하거나 물품과 먹을 것이 풍성하게 들어온다.

● **밀가루로 빵을 만드는 꿈**
마침내 소비자의 기호에 잘 맞는 신상품을 개발하게 된다.

● **가을 들녘에 조가 누렇게 익어 있는 꿈**
어떤 사업 등에 투자해 마침내 상당한 성과를 올린다.

- **참새떼들이 조이삭을 쪼아먹는 꿈**
  뜻밖의 불청객으로 인하여 손실을 입거나 도둑을 맞는다.

- **누렇게 익은 조밭에 들어가는 꿈**
  그간 못 받았던 외상값을 받거나 주문생산을 맡는다.

- **손으로 좁쌀을 만지작거리는 꿈**
  신변에 손길이 많이 가는 일거리를 맡아 몹시 바쁘다.

- **밭에서 잘 익은 옥수수를 가지고 집으로 들어오는 꿈**
  부인과 새댁은 임신하여 아들을 낳는 태몽이다.

- **옥수수 뻥튀기를 사가지고 집으로 들어오는 꿈**
  신변에 헛된 일로 경제적 손실을 가져온다.

- **옥수수를 솥에 넣고 찌는 꿈**
  아이디어 · 창작 · 일거리 · 공사 등의 행운이 찾아온다.

- **메밀이 그릇에 가득 담겨 있는 꿈**
  집안생활이 넉넉하고 물질적으로 몹시 풍요롭다.

- **메밀가루로 떡반죽을 하는 꿈**
  공동체간의 유대감, 그리고 조화와 질서 · 일거리 · 잔

치·발명 등의 행운이 찾아온다.

● **옥수수 알갱이 하나하나가 금빛 찬란하게 보이는 꿈**
 집안에 경사스런 일이 찾아오고
 하는 일마다 좋은 여건이 찾아
 오는 대길한 징조이다.

● **메밀묵을 쑤는 꿈**
 자신이 마침내 새로운 문예작품을 창작하게 된다.

● **메밀가루가 바람에 흩날리는 꿈**
 신변에 재물과 돈이 나가고 스트레스를 많이 받는다.

● **메밀밭에서 돼지들이 꿀꿀거리는 꿈**
 뜻밖에 횡재하여 주머니가 두둑하고 기쁨이 가득하다.

● **콩가마가 광에 가득 쌓인 꿈**
 온갖 노력 끝에 마침내 엄청난 재물을 모아 갑부가 된다.

● **콩으로 메주를 쑤는 꿈**
 신규사업에 투자하여 마침내 목적을 성취하게 된다.

● **콩알이 사방에 흩어지는 꿈**

어떤 집단이나 사회조직체가 마침내 뿔뿔이 흩어진다.

● **콩나물 시루에 물을 주는 꿈**
신변에 창의성·양육·교육·수신·연구·발달·연마 등이 찾아온다.

● **수수경단을 만드는 꿈**
신변에 문예창작, 일거리·문서작성 등이 있다.

● **수수빗자루가 보이는 꿈**
신변에 힘에 벅찬 일로 인하여 몹시 바쁘게 된다.

● **찰수수밥을 맛있게 먹는 꿈**
유행성 질환으로 병원 출입이 잦아질 좋지 않은 징조다.

● **붉은 팥을 맑은 물에 깨끗이 씻는 꿈**
새로운 문예작품을 창작하게 된다.

● **밥상 위에 팥낟알을 놓고 셈하는 꿈**
어떤 사업성에 관한 수지타산을 여러 모로 저울질한다.

● **깨소금을 음식에 뿌리는 꿈**
생산업이나 식품업에 투자하여 마침내 큰돈을 벌게 된다.

- **깨소금이 유리병에 가득 담겨 있는 꿈**
 마침내 자신이 많은 재산과 돈을 모으게 된다.

- **깨알이 점점 커져 수박만하게 보이는 꿈**
 온갖 노력 끝에 드디어 부자가 된다.

- **수박더미 위에 올라앉아 있는 꿈**
 뜻밖의 행운으로 일확천금을 거머쥐는 행운이 찾아온다.

- **수박을 실컷 먹는 꿈**
 유행성질환이나 배탈로 오래도록 고생을 하게 될 징조이다.

- **수박덩굴이 바람을 타고 멀리 뻗어 있는 꿈**
 무역업으로 상품을 해외로 대량 수출을 하게 된다.

- **푸른 완두콩을 얻어 오는 꿈**
 부인과 새댁은 임신을 하여 아들을 낳는 태몽이다.

- **참외꽃이 아름답게 피어 있는 꿈**
 신상품을 개발하거나 경제발전, 작품 창작, 사업 발전, 두뇌계발 등이 있다.

- **참외밭에 노란 참외가 열려 있는 꿈**
  신변에 재물과 돈이 생기거나 맛있는 음식을 먹게 된다.

- **원두막 밑에 참외가 가득 쌓인 꿈**
  식품·농업·무역업에 투자하여 마침내 부자가 된다.

- **참외밭에 들어가 참외를 따가지고 나오는 꿈**
  부인과 새댁은 임신을 하여 똑똑한 아들을 낳는 태몽이다.

- **개구리참외가 탐스럽게 보이는 꿈**
  창작·연구·개발·감상·감정·답사·상봉·구경·횡재 등의 행운이 찾아온다.

예언몽 · 예지몽에 관한 꿈

꿈은 예언한다. 꿈은 아마도 생활 속의 중요 사건 때마다 마치 우리가 정말로 초능력 경험을 한 것처럼 생각될 정도로 명료하고 정확하게 사건을 시연하는 일이 있다.

이런 종류의 경험에 대한 적절한 용어를 예지몽(豫知夢)이라고 한다. 하지만 거의 매번 우리의 꿈들은 우리가 취할 행동을 스스로 예측하는 경우와 마찬가지로 일어날 일을 예측한다. 말하자면 우리는 수중에 있는 자료를 가지고 미리 사건을 인지하는 것이다.

임신한 여성들에게서 자주 듣는 예는, 꿈에 태어날 아이의 성별을 정확하게 예지한다는 것인데, 이것은 꿈속에서 붉은 색에 초점이 모아지는가 푸른색에 초점이 모아지는가를 보고 간단히 알 수 있다.

　매우 흔한 예지몽은 만약 여러분이 특별한 태도와 행동을 유지하려 한다면 그것은 아마 어떤 특정한 사건이 일어날 가능성이 매우 높다는 것을 여러분에게 일러주려고 하는 예지몽이다. 덧붙여 말하자면, 예측의 목적은 미래를 바꾸려는 데 있다고 생각된다. 미리 경고를 받는 것은 미리 무장을 하는 것과 같다.

　꿈은 재앙만 예견하는 것은 아니다. 때로는 좋은 결심을 하도록 다독거려 주기도 하고, 일이 잘 되어 갈 것 같으니 계속 노력하라고 격려하는 경우도 많다.

◯ 복권 당첨자들이 꾼 꿈

- 회사의 사장님이 논밭을 사 준다는 꿈을 꾸었다.
- 호랑이와 싸운 꿈을 꾸었다.
- 꿈에 호랑이가 나타나 집을 지켜 주었다.
- 막 떠오른 달을 잡으려고 달려가는 꿈을 꾸었다.

- 아들의 발이 가시에 찔려 피가 옷에 빨갛게 물들었다.
- 꿈에 남편의 옷에 묻은 대변을 닦아내다가 자기 옷에까지 흠뻑 묻었다.
- 화장실 안이 누런 대변으로 가득 찬 꿈을 꾸었다.
- 꿈에 자기 집이 몽땅 타 버렸다.
- 이마에 총알을 맞는 꿈을 꾸었다.
- 절에 다녀오는 길에 일행 네 명이 차례로 죽고 본인이 죽을 차례 일 때 잠을 깼다.
- 대통령이 준 명함을 가지고 집에 돌아온 꿈을 꾸었다.
- 꿈에 돌아가신 아버지가 나타나 집안 걱정을 하셨다.
- 꿈에 자신이 죽어서 온 집안이 곡성으로 가득 찼다.
- 누군가 지폐 다발을 품에 안기는 꿈을 꾸었다.
- 번쩍거리는 동전을 많이 줍는 꿈을 꾸었다.
- 용을 타고 하늘로 올라가는 꿈을 꾸었다.
- 여러 사람과 함께 시험을 치렀는데 1등으로 합격했다.
- 꿈에 시체를 여럿 보았다.
- 길에서 주운 수표에 동그라미가 너무 많아 헤아릴 수 없는 꿈을 꾸었다.

- 꿈에 소금을 한 수레 가득 싣고 친정집에 다녀왔다.
- 밖에서 소를 몰고 와 자기 집에 매두는 꿈을 꾸었다.
- 비행기를 타고 날며 몹시 즐거워하는 꿈을 꾸었다.
- 백발 노인이 약을 주길래 받아 먹는 꿈을 꾸었다.
- 호수에서 어마어마하게 큰 물고기를 잡는 꿈을 꾸었다.
- 꿈에 아들이 돼지와 싸워 이겼다.
- 지하실에서 돼지들이 난동을 부리는 통에 지붕이 들썩이는 꿈을 꾸었다.
- 자기 집 마당에 파릇파릇 돋아난 풀을 본 꿈을 꾸었다.
- 꿈에 주먹만한 포도를 따 먹었다.

◐ 무지개가 번쩍이는 꿈

그저 무지개가 아니라 번쩍이는 무지개의 꿈이다. 이것은 장래 대단히 좋은 일이 일어날 암시이다. 그 밖에 불가사의한 체험을 하거나 영감이 풍부해지는 암시도 포함된 영몽의 하나다.

◐ 또렷한 색이 보이는 꿈

부옇게 된 색, 어두운 색에는 기본적으로 영적인 의미는 없다. 아름다운 극채색인 것, 화려한 조명색인 것이 영적인 교신을 가리키는 예지 꿈이나 영몽의 조건, 메시지 내용은 제각각이나 중요한 정보인 것은 확실하다. 꿈의 상태, 느낌 등의 힌트 중에서 당신 자신이 분석하는 수밖에 없다. 기본적으로 정신이 고양되고 충족감이 있는 꿈은 행운의 암시라고 생각하면 좋을 것이다.

◯ 빛나는 보석의 꿈

보석은 신의 돌. 빛나는 보석 꿈을 꾸었다면 확실하게 행운이 돌아온다. 행운이 가까이 온다는 것은 당신이 신비한 힘을 내재하고 있기 때문이다. 그 힘으로 운을 자유자재로 조정하여 소망을 실현한다. 이것이 보석 꿈의 신호이다.

◯ 별이 총총한 하늘 아래 피어 있는 꽃의 꿈

별이 총총한 하늘 아래에 꽃이 피어 있는 꿈은 대단한 행운으로 멋진 이성과 만나는 대길몽. 당신에게 있어서 최고의 연애운을 암시하고 있다.

근간 이상형의 등장을 크게 기대해도 좋으리라고 본다.

단순히 별이 총총한 하늘뿐인 꿈이라도 길몽이다. 이것도 로맨틱한 사랑의 체험을 예고하고 있다.

◯ 만월을 바라보는 꿈

달 꿈은 본래 환경의 변화나 생활의 변화를 알리는 것이다. 만월이면 당연히 그것들이 호전한다는 좋은 예지 꿈이라고 해석된다. 다시 말해서 당신이 바라듯이 생활이 호전된다는 것이다. 바라는 환경을 손에 넣을 수 있는 것이다.

◯ 본 적이 없는 옷을 입는 꿈

꿈속에 있는 자신은 전세의 자신일 가능성이 높다고 생각된다. 그러므로 어떤 의상이었느냐에 따라서 전세의 시대, 국가적 특색 등도 판단할 수 있다고 생각한다.

분명히 본 적이 없는 이상한 의상이라면 환상의 대륙이

라는 아틀란티스나 무우 대륙의 의상인지도 모르고 아직 존재가 확인되지 않는 나라의 것인지도 모른다. 또는 내세에 당신이 입게 될 의상인지도…. 이리하여 미지의 또는 다른 자신으로 생각하는 것은 흔히 정화되어 대단히 좋은 것이다.

유령, 죽은 사람의 꿈

꿈을 꾼 후 공포심이 있었던 경우는 전세의 원한을 가진 영혼이 당신에 대해 경고나 보복을 하고 있다고도 볼 수 있다. 이 경우는 마음을 강하게 하고, 정신을 정화시켜 둘 필요가 있다. 공포심을 느끼지 않는 경우라든가 유령과 꿈속에서 만나서 이야기하는 경우는 그 사람의 혼과 당신의 혼이 교신하고 있는 신호. 그 사람이 당신에게 뭔가를 전하려 하고 있다.

알기쉬운

꿈해몽

- 초판 1쇄 __ 2012년 01월 10일
- 중판 1쇄 __ 2023년 03월 20일

- 편　　저 __ 천운 이우영
- 펴 낸 곳 __ 아이템북스
- 펴 낸 이 __ 박효완
- 출판등록 __ 2001년 8월 7일 제2-3387호
- 주　　소 __ 서울특별시 마포구 동교로 75
- 전　　화 __ 02-332-4327
- 팩　　스 __ 02-3141-4347

※ 파본이나 잘못된 책은 교환해 드립니다.